Johannes Kubik

Auf der Suche nach religiöser Identität
Bausteine für die Einführungsphase des RU in der Sek II

Mit 9 Abbildungen

Vandenhoeck & Ruprecht

Bibliografische Information der Deutschen Nationalbibliothek:
Die Deutsche Nationalbibliothek verzeichnet diese Publikation in der
Deutschen Nationalbibliografie; detaillierte bibliografische Daten sind
im Internet über http://dnb.de abrufbar.

© 2019, Vandenhoeck & Ruprecht GmbH & Co. KG, Theaterstraße 13, D-37073 Göttingen
Alle Rechte vorbehalten. Das Werk und seine Teile sind urheberrechtlich
geschützt. Jede Verwertung in anderen als den gesetzlich zugelassenen Fällen
bedarf der vorherigen schriftlichen Einwilligung des Verlages.

Umschlagabbildung: © Agsandrew/panthermedia

Satz: SchwabScantechnik, Göttingen
Druck und Bindung: ❦ Hubert & Co. BuchPartner, Göttingen
Printed in the EU

Vandenhoeck & Ruprecht Verlage | www.vandenhoeck-ruprecht-verlage.com

ISBN 978-3-525-72003-5

Inhalt

Einleitung 5

Baustein A: Was ist Religion? 8
A 1 Werbung 9
A 2 Was heißt »Auferstehung ist heute«? 10
A 3 Fußballfangesänge 11
A 4 Ulrich Barth: Formen von Religiosität unterhalb der kirchlich-institutionalisierten 12
A 5 Abraham Maslow: Die Pyramide der menschlichen Bedürfnisse 13
A 6 Thomas Luckmann: Die unsichtbare Religion 14
A 7 Empirische Umfrage zum Thema Religiosität 15
A 8 Paul Tillich: Religion als eine Funktion des menschlichen Geistes? 16

Baustein B: Religiöser Fundamentalismus 18
B 1 Die Loveparade-Katastrophe 2010 in Duisburg als Strafe Gottes 19
B 2 Ahmad Mansour: Die Attraktivität des islamischen Fundamentalismus 20
B 3 Maram Stern: Antisemitismus in Deutschland? 22
B 4 Gibt es einen aufgeklärten Islam? 24
B 5 Gottfried Küenzlen: Was ist religiöser Fundamentalismus? 26
B 6 Seyran Ates, Christoph Markschies: Religion und Toleranz 27

Baustein C: Kirche und Religion im säkularen Staat der modernen Gesellschaft 28
C 1 Was sind Grundrechte? 29
C 2 Dieter Grimm: Was ist Religionsfreiheit? 30
C 3 Horst Dreier: Religionsfreiheit im Konflikt 31
C 4 Jörg Winter: Aufgaben und Grenzen kirchlicher Äußerungen zur Gesellschaft 32
C 5 Religions- und Kirchenkritik bei Friedrich Nietzsche 34
C 6 Andreas Kubik: Die Religionskritik Friedrich Nietzsches 36
C 7 Richard Dawkins: Der Gotteswahn 37
C 8 Philipp Möller: »Kirchenrepublik« 38

Baustein D: Die Bibel mit Vernunft lesen anhand von Jesusgeschichten 39
D 1 Es steht geschrieben – Gottes Wille? 40
D 2 Rudolf Bultmann: Neues Testament und Entmythologisierung 41
D 3 Der quantitative Umfang der synoptischen Evangelien 42
D 4 Die literarische Abhängigkeit der synoptischen Evangelien 43
D 5 Lukas Bormann: Theologische Intentionen der Synoptiker 44
D 6 Udo Schnelle: Der historische Jesus und der verkündete Christus 46
D 7 Anselm Grün: Tiefenpsychologische Schriftauslegung bei Eugen Drewermann 47
D 8 Eugen Drewermann: Eine tiefenpsychologische Auslegung von Mk 5,35–43 48
D 9 Richard Gerrig: Jungs Archetypen 50
D 10 Archetypen in Bibeltexten 50

Baustein E: »Ich glaube, dass mich Gott geschaffen hat« 51
  E 1   Metaphorische Rede 52
  E 2   Das Rosenexperiment 53
  E 3   Jürgen Baumert: Die verschiedenen Modi der Weltbegegnung 54
  E 4   Karikatur zur Schöpfung 54
  E 5   Daniel Clement Dennett: Gott hat immer weniger zu tun 55
  E 6   Karl Barth: Wie Orgel und Staubsauger 56
  E 7   Heinz Zahrnt: Glaube und Wissen 57
  E 8   Interview mit dem Autor von Gen 1 58
  E 9   Christopher Zarnow: Das Subjekt reflektiert im Schöpfungsglauben sich selbst 59
  E 10 Michael Schrom: Panentheismus statt scharfer Trennung von Gott und Welt 60

Baustein F: Sexualität als theologisches Thema 61
  F 1   Religionen und Sexualität 62
  F 2   Warum ein ethischer Blick auf Sexualität aus heutiger evangelischer Sicht? 62
  F 3   Elemente einer evangelischen Sexualethik 63
  F 4   Sexualität als Thema des Rechts 64
  F 5   Gustav Seibt: Ist Homosexualität privat oder politisch? 65
  F 6   Isolde Karle: Homosexualität und Theologie 66
  F 7   Ralf Meister: Wie lässt sich Homosexualität mit der Bibel vereinbaren? 68
  F 8   Isolde Karle: Mann und Frau in Gen 1–3 70

Aufgabenvorschläge 72

Einleitung

Der vorliegende Materialband ist für das Arbeiten in der gymnasialen Oberstufe gedacht; insbesondere (aber nicht nur) in der Einführungsphase. Er hat den Anspruch, neue und unverbrauchte Materialien zu bieten.

Er ist von einem evangelischen Autor geschrieben, eignet sich aber nicht nur für den evangelischen, sondern auch für den katholischen wie auch (und gerade) für den konfessionell-kooperativen Religionsunterricht.

Der Einführungsphase der gymnasialen Oberstufe, das hat die KMK kürzlich noch einmal betont, »kommt beim Übergang in die Qualifikationsphase eine Brückenfunktion zu, so auch mit Blick auf den Ausgleich unterschiedlicher Voraussetzungen bei den Lernenden vor Eintritt in die Qualifikationsphase«[1]. Das gilt unabhängig davon, ob die Einführungsphase im Jahrgang 10 (im achtjährigen gymnasialen Bildungsgang) oder im Jahrgang 11 (im neunjährigen gymnasialen Bildungsgang) verortet wird.

Der einführende Charakter der Einführungsphase bezieht sich sowohl formal auf die Einführung in eine neue Schulstufe, eben die gymnasiale Oberstufe, wie auch inhaltlich darauf, dass in das spezifische Arbeiten der Oberstufe eingeführt wird, welches von der KMK mit drei Zielen, die in ihrer Gesamtheit auch »Trias der Ziele der Oberstufe« genannt werden, beschrieben wird, nämlich erstens »eine vertiefte Allgemeinbildung, [zweitens] allgemeine Studierfähigkeit sowie [drittens] wissenschaftspropädeutische Bildung«[2].

V. a. der wissenschaftspropädeutischen Bildung kommt in der Einführungsphase entscheidende Bedeutung zu, darf man doch davon ausgehen, dass sie in der Sek I – wenn überhaupt – eher sporadisch vorgekommen sein und den Lernenden zunächst einmal »neu«, »fremd« und »ungewohnt« vorkommen wird. So unscharf und empirisch schwer zu greifen bzw. zu operationalisieren der Begriff »Wissenschaftspropädeutische Bildung« auch sein mag, es lassen sich doch einige Leitlinien benennen. Hilfreich dazu ist eine klassische Definition des renommierten Erziehungswissenschaftlers Ludwig Huber, der bereits 1997 hervorhob, dass »es bei Wissenschaftspropädeutik um mehrere Ebenen geht, um das Lernen und Einüben *in* Wissenschaft (Grundbegriffe, -methoden), *an* Wissenschaft (eine Haltung des Immer-weiter-Fragens und Gründe-Gebens) und *über* Wissenschaft (kritische Reflexion in größeren Zusammenhängen)«[3].

Die erste dieser drei Bestimmungen kann durch eine weitere Stelle aus dem KMK-Papier entfaltet werden: Der Unterricht in der gymnasialen Oberstufe führt »exemplarisch in wissenschaftliche Fragestellungen, Kategorien und Methoden ein«, d. h., es geht »um die Beherrschung eines fachlichen Grundlagenwissens als Voraussetzung für das Erschließen von Zusammenhängen zwischen Wissensbereichen, von Arbeitsweisen zur systematischen Beschaffung, Strukturierung und Nutzung von Informationen und Materialien, um Lernstrategien, die Selbständigkeit und Eigenverantwortlichkeit sowie Team- und Kommunikationsfähigkeit unterstützen«[4].

Die zweite dieser drei Bestimmungen zielt auf das Einüben von Wissenschaftlichkeit, auf eine grundsätzliche Orientierung an Wissenschaftlichkeit, auf das Wecken einer fragenden und neugierigen Haltung zur Welt, auf mutiges und kritisches Hinterfragen, und zwar auf kriteriengeleitete Weise (wo die Kriteriengeleitetheit fehlt, da verkommt die vermeintliche Tätigkeit des AFB III »Beurteilen« zum Gerede über Sachverhalte, von denen man keine Sachkenntnis hat – zu einer Tätigkeit also, die gewissermaßen noch unterhalb von AFB I liegt, dem bloßen Rekonstruieren, dem ja immerhin noch ein – prinzipiell falsifizierbarer – Bezug auf externe Sachverhalte zugrunde liegt).

Die dritte dieser drei Bestimmungen zielt auf eine Metareflexion über Wissenschaftlichkeit. Inhalte solcher Reflexion müssten beispielsweise sein: eine Abgrenzung der grundsätzlichen Orientierung an Wissenschaftlichkeit von unreflektierter »Wissenschaftsgläubigkeit«; die Anbahnung eines Bewusstseins für den prinzipiellen Konstruktionscharakter wissenschaftlicher Erkenntnisse und gesellschaftlicher Überzeugungen; ein Gespür für die Grenzen der wissenschaftlichen Erkenntnisgewinnung; ein Wertschätzen von Mehrperspektivität; ein Kennenlernen von Perspektivwechseln; ein Kennenlernen der berühmten »Modi der Weltbegegnung«, (siehe dazu E3), deren Pointe ja u. a. darin besteht, dass sie je »*eigene* Horizonte des Weltverstehens eröffnen, die [...] *nicht wechselseitig austauschbar* sind«[5].

In diesem Sinne kann speziell der *Religions*unterricht in wissenschaftspropädeutischer Hinsicht dazu beitragen, wissenschaftliche Distanz und Reflexion auch im Hinblick auf *religiöse* Sachverhalte zu lehren und einzuüben, sodass deutlich wird, dass Glaubens-, Sinn- und Wertfragen durch einen wissenschaftlich kontrollierten Zugang allererst kommunizierbar, diskutierbar und kritisierbar werden. Der für wissenschaftspropädeutische Überlegungen jedweden Faches so zentrale Begriff »Perspektivwechsel«[6] kann religionspädagogisch ja gerade so spezifiziert werden, dass es um einen permanenten Perspektivwechsel zwischen Innen- und Außenperspektive auf die christliche Religion geht, wodurch der Religionsunterricht sein besonderes Profil zur Geltung bringen kann, das eben weder Religionskunde noch Unterweisung ist.

Das soll in diesem Materialband geschehen in sechs »Bausteinen«, nämlich A. Was ist Religion? B. Religiöser Fundamentalismus, C. Kirche und Religion im säkularen Staat der modernen Gesellschaft, D. Die Bibel mit Vernunft lesen anhand von Jesusgeschichten, E. »Ich glaube, dass mich Gott geschaffen hat«, F. Sexualität als theologisches Thema.

An der Auswahl dieser Themen wird auch insbesondere deutlich, warum es wichtig ist, sowohl die (jeweils aktuelle) Lebenswelt der Lernenden, die (jeweils aktuelle) Gesellschaft, in der wir leben (und damit auch ihre spezifischen Bezugnahmen auf Religion, seien sie eher positiver oder eher negativer Art) sowie die (jeweils aktuellen) Erkenntnisse der Bezugswissenschaften, also primär der Theologie, aber auch ihrer Nachbarwissenschaften, wie z. B. Soziologie, Philosophie, Religionswissenschaft, Psychologie, Jura und Humanwissenschaften, zu berücksichtigen, was sich in diesem Band in der Wahl der Materialien niederschlägt.

Die Festlegung auf die genannten sechs unterrichtlichen »Bausteine« ist nur eine von vielen möglichen. Weder wird mit ihr »Vollständigkeit« (in dem Sinne, dass die hier gegebenen Materialien alles abdecken würden, was man in der Einführungsphase unterrichten kann), noch »Exklusivität« (in dem Sinne, dass man nur mit den hier gegebenen Materialien unterrichten könne) behauptet oder angestrebt. Wohl aber wird behauptet, dass sich die Vorgaben der KMK und die Erfordernisse wissenschaftspropädeutischer Bildung mit diesen sechs Bausteinen gut verfolgen lassen, was hier kurz der Reihe nach aufgezeigt werden soll (ausführlichere Darstellungen des roten Fadens und der Funktion der einzelnen Materialien finden sich dann jeweils am Anfang eines Bausteins):

Im ersten Baustein (Was ist Religion) kann deutlich werden, dass eine weite Fassung des wissenschaftlichen Religionsbegriffes dazu führt, dass man religiöse Symbole und Rituale auch in solchen Kontexten entdecken wird, in denen man es nicht vermutete. Im zweiten Baustein (Religiöser Fundamentalismus) kann deutlich werden, dass es aufgeklärte und fundamentalistische Formen von Religionsausübung geben kann, zu deren Unterscheidung Kriterien erforderlich sind. Im dritten Baustein (Kirche und Religion im säkularen Staat der modernen Gesellschaft) kann deutlich werden, dass das Verhältnis von Staat und Kirche in Deutschland einer sehr speziellen Regelung unterliegt und die Aufgaben der Kirchen daher differenziert beschrieben werden müssen. Im vierten Baustein (Die Bibel mit Vernunft lesen anhand von Jesusgeschichten) kann deutlich werden, wie weit die neutestamentliche Wissenschaft in methodischer und hermeneutischer Hinsicht entwickelt ist und wie weit sie davon entfernt ist, selber »Verkündigung« zu sein. Weiterhin kann deutlich werden, dass die tiefenpsychologische Auslegung völlig neue Horizonte eröffnen kann. Im fünften Baustein (»Ich glaube, dass mich Gott geschaffen hat«) kann deutlich werden, wie die Theorie der »Modi der Weltbegegnung« (s. o.) produktiv auf die klassische Frage »Glaube oder Naturwissenschaft« angewandt werden kann; aber auch, wie man diese Frage gänzlich unterlaufen kann. Im sechsten Baustein (Sexualität als theologisches Thema) kann deutlich werden, in welcher Weise die moderne Theologie versucht, Erkenntnisse aus benachbarten Wissenschaften produktiv aufzunehmen, und wie man bibelhermeneutisch zu theologischen Argumenten für die Akzeptanz von Homosexualität kommen kann trotz der Bibelstellen, die das Gegenteil nahezulegen scheinen.

Mit diesem wissenschaftspropädeutisch also wohl begründeten Programm lassen sich wesentliche Teile der Lehrpläne für die Einführungsphase im Fach Ev. Religion fast aller Bundesländer abdecken: So sind z. B. die sieben »Inhaltsbezogenen Kompetenzen« für die Einführungsphase des niedersächsischen Kerncurriculums Ev. Religion vollständig erfasst[7], ebenso aber z. B. auch die insgesamt sechs verbindlichen (sowie auch Teile der vier verbleibenden fakultativen) »Themenfelder« der zwei Semesterthemen »Menschen und Religion« und »Deutungen der Wirklichkeit und die Bibel« für die Einführungsphase des *hessischen Kerncurriculums*,[8] oder auch zumindest drei der vier für die Einführungsphase vorgesehenen »Inhaltsfelder« des *nordrhein-westfälischen Kernlehrplans*, nämlich Inhaltsfeld 1 (Der Mensch in christlicher Perspektive) mit dem inhaltlichen Schwerpunkt »Der Mensch als Ebenbild und Geschöpf Gottes«, Inhaltsfeld 4 (Die Kirche und ihre Aufgabe in der Welt) mit dem inhaltlichen Schwerpunkt »Kirche als Leib Christi und Gemeinschaft der Glaubenden« und Inhaltsfeld 5 (Verantwortliches Handeln aus christlicher Motivation) mit dem inhaltlichen Schwerpunkt »Schöpfungsverantwortung und der Umgang mit Leben.«[9] Ebenso lassen sich z. B. auch wichtige Teile des *rheinland-pfälzischen Lehrplans* abdecken, so etwa aus dem Themenbereich Mensch das Teilthema 2 (»Ich habe mich nicht selbst gemacht«), aus dem Themenbereich »Jesus Christus« das Teilthema 1 (»Jesus Christus, wer ist das?«), aus dem Themenbereich »Gott« das Teilthema 2 (»Religionskritik als Bestreitung der Existenz Gottes«), aus dem Themenbereich »Ethik« das Teilthema 4 (»Christ sein in Verantwortung«), aus dem Themenbereich 4 »Christsein in der pluralen Welt« beide Teilthemen zu A und zu D, und jeweils das erste Teilthema zu B und C[10].

Und es ist wichtig zu betonen, dass sich die Bausteine genauso gut aus dem niedersächsischen Kerncurriculum für *Katholische* Religion herleiten lassen würden.

Noch einige Hinweise zu einigen Prinzipien der Gestaltung des Bandes:

1. Es gibt zahlreiche Möglichkeiten, Materialien aus einem Baustein auch in anderen Bausteinen einzusetzen, da es inhaltliche Berührungen der Bausteine gibt. Diese werden in den jeweiligen Einleitungen zu jedem der Bausteine ausgewiesen.
2. Bei klassischen Autoren oder Autorinnen (z. B. Bultmann oder Nietzsche) und bei solchen Autorinnen oder Autoren, bei denen biografische Informationen für das Verständnis des Textes eine Rolle spielen, wird eine biografische Notiz am Anfang des Materials gegeben, da diese Notiz gleichsam zu dem, was man an dem Material lernen kann, dazugehört. Hingegen wird bei noch nicht klassischen Autorinnen oder Autoren eine – meist kürzere – biografische Notiz am Ende gegeben, die eher die Funktion hat, sich darüber orientieren zu können, welches Fach der Autor bzw. die Autorin vertritt etc. Ebenfalls am Anfang eines Materials findet sich gelegentlich eine kleine »Hinführung« zum Thema oder zur Fragestellung des Materials.
3. Mögliche Aufgaben (Lernaufgaben, nicht Prüfaufgaben) zu jedem Material finden sich am Ende des Bandes, also nicht direkt bei den Materialien. Dieses Verfahren hat den Vorteil, dass die Lernenden nicht sofort eine »Schere im Kopf« haben und das Material ausschließlich in der Perspektive der (sofort sichtbaren) Aufgaben wahrnehmen. Sondern es bleiben der Lehrkraft alle Wege offen – es sind ja immer auch andere, situativ oder gar prinzipiell passendere Aufgaben möglich. Die einzigen Ausnahmen hiervon sind die Materialien D10 (Archetypen in Bibeltexten), E1 (Metaphorische Rede) und E2 (Das Rosenexperiment). Denn bei diesen Materialien handelt es sich um solche, deren didaktische Funktion sich ohne die Aufgaben kaum erschließen würde. Daher sind (nur) bei diesen Materialien die Aufgaben unmittelbar dabei und nicht am Ende des Bandes. Zusätzlich gibt es (weiter, offener und übergreifender gefasste) Aufgaben zum Einstieg und zum Abschluss jedes Bausteins.
4. Auf Aufgaben, die jede Lehrkraft sofort auch aus dem Stand selber konstruieren könnte, wurde vollständig verzichtet (z. B. »Lesen Sie den Text gründlich durch«; »Fassen Sie den Text zusammen«; »Gliedern Sie den Text«). Sie können als Ergänzung natürlich trotzdem sinnvoll sein.

1 Vereinbarung zur Gestaltung der gymnasialen Oberstufe und der Abiturprüfung (Beschluss der Kultusministerkonferenz vom 07.07.1972 i. d. F. vom 15.02.2018), S. 7.

2 Ebd., S. 5.

3 Huber, Ludwig: Fähigkeit zum Studieren – Bildung durch Wissenschaft: Zum Problem der Passung zwischen Gymnasialer Oberstufe und Hochschule, in: Eckart Liebau, Wolfgang Mack, Christoph T. Scheilcke (Hg.): Das Gymnasium: Alltag, Reform, Geschichte, Theorie. Weinheim 1997, S. 333–351, hier S. 348, Hervorhebungen im Original.

4 Vereinbarung zur Gestaltung der gymnasialen Oberstufe und der Abiturprüfung (s. Anm. 1), S. 5.

5 Baumert, Jürgen: Deutschland im internationalen Bildungsvergleich, in: Die Zukunft der Bildung, hg. v. Nelson Kilius, Jürgen Kluge, Linda Reisch. Frankfurt/M. 2002, S. 100–150, hier S. 107, Hervorhebungen nicht im Original.

6 Vgl. etwa Hahn, Stefan: Wissenschaftspropädeutik in der gymnasialen Oberstufe, in: Dorit Bosse, Franz Eberle, Barbara Schneider-Taylor (Hg.): Standardisierung in der gymnasialen Oberstufe. Wiesbaden 2013, S. 161–174.

7 Niedersächsisches Kultusministerium (Hg.): Kerncurriculum für das Gymnasium – gymnasiale Oberstufe, die Gesamtschule – gymnasiale Oberstufe, das Berufliche Gymnasium, das Kolleg. Evangelische Religion. Hannover 2017, S. 18.

8 Hessisches Kultusministerium (Hg.): Kerncurriculum gymnasiale Oberstufe. Ev. Religion. Wiesbaden 2016, S. 27.

9 Vgl. Ministerium für Schule und Weiterbildung des Landes Nordrhein-Westfalen (Hg.): Kernlehrplan für die Sekundarstufe II. Gymnasium/Gesamtschule in Nordrhein-Westfalen. Ev. Religionslehre. Düsseldorf 2014, S. 22 f.

10 Vgl. Ministerium für Bildung, Wissenschaft, Weiterbildung und Kultur Rheinland-Pfalz (Hg.): Lehrplan Evangelische Religion. Grundfach und Leistungsfach in der gymnasialen Oberstufe. Mainz 2013, S. 24–75.

Baustein A: Was ist Religion?

In diesem ersten Baustein geht es um ein grundlegendes Verständnis des Religionsbegriffes: Religion findet nicht nur in der Kirche statt und hat es nicht nur mit Glaubensinhalten zu tun, die »normalen« Menschen eher abwegig erscheinen. Vielmehr kann man Religion auch weiter fassen, etwa mit Paul Tillich als »das was, mich unbedingt angeht«. Diese Bestimmung ist allerdings komplizierter, als es scheint, und sollte den Lernenden daher nicht einfach kontextlos vorgesetzt werden. In diesem Sinne kann Religion als eine anthropologische Konstante aufgefasst werden, die freilich aus sich selbst heraus weder vor fundamentalistischen Verzerrungen (vgl. Baustein B) noch vor lebensfeindlichen Hypermoralisierungen gefeit ist (vgl. Baustein F), sondern dazu der Aufklärung (vgl. Bausteine D und E) und der Einhegung im säkularen Staat bedarf (vgl. Baustein C).

»Grundlegend« ist dieses Religionsverständnis auch in dem Sinne, dass es (im besten Falle) dazu führt, dass die Lernenden es dann künftig unterlassen, in einer (Lehrkräften wohlbekannten) naiven Weise und in einem Modus der Unterstellung über die Bibel sowie über religiöse Inhalte und Symbole zu sprechen: Aber in der Bibel stehe doch, dass Gott die Welt geschaffen habe; aber die Kirche sei doch gegen Homosexualität; aber ein »streng gläubiger Christ« (eine bei Lernenden häufig anzutreffende Formulierung, die es wert ist differenziert zu werden) müsse doch nun mal an dies und das glauben und trotzig daran festhalten. Damit ist auch der Bogen zu den übrigen Bausteinen in diesem Band gespannt.

Unterrichtlich gestalten lässt sich dieses Anliegen am besten durch eine Verschränkung mit dem Thema »Religion in der Popkultur«, das im Prinzip auch separat behandelbar wäre, dann aber häufig weder einen klaren didaktischen noch einen klaren theologischen Fokus hat: Man beginnt zweckmäßigerweise mit Beispielen, anhand derer die Lernenden die religiösen Elemente selber entdecken, und nicht etwa mit Texten, die lediglich thetisch behaupten, in vielen Bereichen der Lebenswelt und der Popkultur fänden sich doch ganz viele religiöse Elemente. Also z. B. in der Werbung (A1) oder bei Inszenierungen bei Sportgroßveranstaltungen, besonders im Fußball (A2 und A3). Bei dem mit der Überschrift »Weihnachtslied« versehenen Lied handelt es sich in Wahrheit um den Fangesang »Leuchte auf, mein Stern Borussia« (auf die Melodie von »Amazing Grace«) von Borussia Dortmund, dessen vollständigen Text man leicht findet. Durch pointierte Auslassungen in der hier gegebenen Fassung gewinnt man beim Lesen zunächst den Eindruck eines Weihnachtsliedes. Es lassen sich leicht weitere Beispiele von populären Medien mit religiösen Anspielungen finden, etwa Videoclips und Hollywoodfilme (vgl. dazu u. a. J. Kubik, Was ist Religion, http://www.rpi-loccum.de/material/ru-in-der-sekundarstufe-2/sek_kubik). An diesen induktiven Einstieg kann sich die Erarbeitung des nötigen Theorierahmens anschließen, deswegen wird die Sequenz ab dem Material A4 »theoretischer«. Der Text von Ulrich Barth (A4) bahnt das Verständnis davon, dass es auch andere Formen von Religiosität als kirchenorientierte gibt, an. Die Theorie Abraham Maslows (A5) belegt, dass es auch aus *psychologischer* Sicht nicht abwegig ist, ein »Transzendenzbedürfnis« des Menschen anzunehmen, welches man dann wiederum auf die bereits behandelten Beispiele (A1 bis A3) anwenden kann, weil es sehr gut erklärt, was genau eigentlich sich Werbedesigner von Anspielungen auf religiöse Themen erhoffen. Der Religionssoziologe Thomas Luckmann (A6) legt dar, dass eine empirische Religionssoziologie, die sich daran macht, Religion *messen* zu wollen, häufig den grundlegenden Fehler macht, Religion und Kirche gleichzusetzen, wodurch Religion dann nur noch als sozialer Tatbestand wahrgenommen werden kann, nämlich als Ritual (institutionalisiertes religiöses *Verhalten*) oder Doktrin (institutionalisiertes religiöses *Wissen*). Speziell seine Kritik an der empirischen Messbarkeit subjektiver Religion können die Lernenden leicht auf die danach (!) zu behandelnde SPIEGEL-Umfrage (A7) anwenden, da darin die von Luckmann genannten Fehler der empirischen Religionssoziologie auch allesamt wirklich begangen wurden und von den Lernenden selber entdeckt werden können. Der anspruchsvolle Text von Paul Tillich zum Religionsbegriff leitet seine berühmte Formel, Religion sei das, was uns unbedingt angeht, ausführlich her, anstatt sie den Lernenden einfach isoliert und kontextlos vorzulegen. Er kann vorentlastet werden, indem man die Lernenden *vor* der Lektüre des Textes darüber nachdenken und diskutieren lässt, ob Religion wohl eher zum Denken, zur Ethik, zur Kunst oder zum Gefühl gehöre.

A 1 Werbung

A2 Was heißt »Auferstehung ist heute«?

© dpa/Ulrich Perrey

A3 Fußballfangesänge

FC Bayern, Stern des Südens (Fangesang des FC Bayern München)

Welche Münchner Fußballmannschaft kennt man auf der ganzen Welt?
Wie heißt dieser Klub, der hierzulande die Rekorde hält?
Wer hat schon gewonnen, was es jemals zu gewinnen gab?
Wer bringt seit Jahrzehnten unsere Bundesliga voll auf Draht?

FC Bayern, Stern des Südens, du wirst niemals untergehen,
weil wir in guten wie in schlechten Zeiten zueinander stehen.
FC Bayern, Deutscher Meister, ja, so heißt er, mein Verein,
ja so war es und so ist es und so wird es immer sein!

Wo wird klar schon angegriffen, wo wird täglich spioniert?
Wo ist Presse, wo ist Rummel, wo wird immer diskutiert?
Wer spielt in jedem Stadion vor ausverkauftem Haus?
Wer hält den großen Druck der Gegner stets aufs Neue aus?

Ob Bundesliga, im Pokal oder Champions League:
Ja gibt es denn was Schöneres als einen Bayern-Sieg?
Hier ist Leben, hier ist Liebe, hier ist Feuer und drum bleibt
mein München Deutschlands Bester bis in alle Ewigkeit!

Text: Stephan Lehmann, Willy Astor

You'll never walk alone (Fangesang u. a. beim FC Liverpool)

When you walk through a storm, hold your head up
high and don't be afraid of the dark.
At the end of the storm, there's a golden sky
and the sweet, silver song of a lark.

Walk on, through the wind, walk on, through the
rain, though your dreams be tossed and blown.

Walk on, walk on with hope in your heart,
and you'll never walk alone, you'll never walk alone.
Walk on, walk on with hope in your heart,
and you'll never walk alone, you'll never walk alone.

Text: Oscar Hammerstein II

Weihnachtslied (?)

Im Jahre *
da wurd' ein Stern gebor'n
und man sah sofort an seinem Schein,
er kann nur aus * sein.
Dieser Stern, der heißt *
und er leuchtet *,
als schönster Stern von allen dort
am großen Himmelszelt.

Und seh' ich hinauf zum Firmament,
auf den Stern, den jeder kennt,
spür' ich seinen Glanz, dann sag' ich mir:
er ist auch ein Teil von dir.
Leuchte auf, mein Stern *,
leuchte auf, zeig mir den Weg,
ganz egal, wohin er uns auch führt,
ich werd' immer bei dir sein.

Text: Bruno Knust

A 4 Ulrich Barth: Formen von Religiosität unterhalb der kirchlich-institutionalisierten

[Es wird manchmal behauptet,] die säkulare Kultur sei gekennzeichnet durch ein weitgehendes Desinteresse an religiösen Fragen, etwa in dem Sinne, in dem Max Weber sich selbst als »religiös unmusikalisch« bezeichnen konnte. Doch bleiben wir einmal in diesem Bild: Auch der vermeintlich ganz und gar unmusikalische Mensch brummt hier und da seine Töne; auch in ihm stellen sich seelische Resonanzerlebnisse ein, wenn er Tonfolgen wahrnimmt und einordnen kann – und sei es nur die Erkennungsmelodie von Fernsehserien. Das lebensweltliche Phänomen Religion ist – wie die neuere Religionssoziologie schlagend gezeigt hat – tatsächlich viel zu komplex, um durch bloßen Augenschein eindeutig identifiziert werden zu können. Der Verweis auf steigende Kirchenaustritte und sinkende Kultfrequenzziffern jedenfalls dürfte als Kriterium kaum zureichen. […]

Denn es lassen sich – ganz abgesehen von der impliziten Präsenz religiöser Momente in den Orientierungsmustern individueller oder sozialer Alltagspraxis – eine Reihe von Erscheinungsformen von Religion benennen, die noch weit unterhalb der Schwelle jener Kriterien liegen, deren Existenz indes kaum bezweifelt werden kann.

Es ist zunächst denkbar, dass religiöse Bedürfnisse empfunden werden, jedoch nicht in Darstellungsformen oder rituelle Vollzüge übergehen: das Phänomen der stummen Religiosität.

Es ist sodann möglich, dass religiöses Erleben sich zwar in religiösen Ausdruckssymbolen niederschlägt, aber vor deren Mitteilung zurückscheut: das Phänomen der Privatreligion.

Und es ist drittens an den Fall zu erinnern, dass religiöse Subjektivität sich wohl in sozialen Bezügen artikuliert und betätigt, hingegen die institutionalisierten Formen symbolischer Kommunikation und Interaktion meidet: das Phänomen der Gruppenreligion.

Es ist weder sachlich noch methodisch angemessen, solche Erscheinungsformen aus dem Begriff der Religion auszublenden. Darum erweist es sich in jeder Hinsicht als unbedacht, allein aus dem Blickwinkel eines eng gefassten Normbegriffs institutionalisierter Frömmigkeitspraxis über das sonstige Vorhandensein oder Nichtvorhandensein von Religion zu befinden.

Barth, Ulrich: Was ist Religion? Sinndeutung zwischen Erfahrung und Letztbegründung, in: Ders.: Religion in der Moderne. Tübingen 2003, S. 3–27, hier S. 4f. (gekürzt).

Ulrich Barth (*1945) war Professor für Systematische Theologie in Halle/Saale und ist Organist an der St.-Albanikirche in Göttingen.

A5 Abraham Maslow: Die Pyramide der menschlichen Bedürfnisse

Eine Theorie der menschlichen Motivation [...] stammt von Abraham Maslow, einem Vertreter der Humanistischen Psychologie [...]. Maslow stellte zwei Motivationsformen gegeneinander: *Mangelmotivation,* die Menschen veranlasst, ihr physisches oder psychisches Gleichgewicht zu erneuern und *Wachstumsmotivation,* die sie veranlasst, das zu überschreiten, was sie in der Vergangenheit getan haben und gewesen sind.

Maslows Theorie besagt, dass wir alle eine **Bedürfnishierarchie** haben [...], in welcher unsere angeborenen Bedürfnisse in einer Reihenfolge angeordnet sind, die vom »primitivsten« zum »humansten« führt. Ganz unten in dieser Hierarchie liegen die grundlegenden *biologischen Bedürfnisse* wie Hunger und Durst. Ist deren Befriedigung dringend, so wird die Befriedigung anderer Bedürfnisse so lange aufgeschoben, und es ist auch unwahrscheinlich, dass sie unsere Aktivitäten beeinflussen. Sind die biologischen Bedürfnisse jedoch in angemessener Weise berücksichtigt, so motivieren uns die Bedürfnisse auf der nächsten Ebene – *Sicherheitsbedürfnisse.* Wenn wir uns keine Sorgen über Gefahren machen müssen, können wir uns durch *Bindungsbedürfnisse* motivieren lassen, durch Bedürfnisse nach Zusammengehörigkeit mit anderen, nach Lieben und Geliebtwerden. Sind wir wohlernährt, sicher und spüren ein Gefühl sozialer Zugehörigkeit, so können wir aufsteigen zu *Bedürfnissen nach Selbstachtung und Prestige.* Dazu gehört das Bedürfnis, sich zu mögen, sich selbst als kompetent und tüchtig zu betrachten und von anderen geschätzt zu werden.

Die Bedürfnisse auf jeder Ebene sind, Maslow zufolge, angeboren, nicht erlernt, wenn auch die Art der Anregung und des Ausdrucks durch die Werte beeinflusst wird, die in der Familie und der Kultur eines Menschen gelernt werden. Pathologische Formen entstehen, wenn Bedürfnisse auf jeglichem Niveau frustriert werden. Frustrierte Liebesbedürfnisse können beispielsweise zu Feindseligkeit und zu sexuellen Perversionen führen.

Wenn wir uns dem Gipfel der Hierarchie zuwenden, finden wir eine Person, die satt, frei von Furcht, geliebt und selbst liebend und sicher im Sinne eines anerkannten *Selbst* ist. Einige Menschen überschreiten diese grundlegenden menschlichen Bedürfnisse beim Streben nach der vollen Entfaltung ihres Potentials oder nach **Selbstverwirklichung.** Eine sich selbst verwirklichende Person ist selbstaufmerksam, akzeptiert sich selbst, hat soziale Fähigkeiten und ist – abgesehen von weiteren positiven Eigenschaften – kreativ, spontan und offen für Veränderungen.

Maslows Hierarchie geht noch weiter und umfasst auch *Bedürfnisse nach Transzendenz.* [...]

Maslows Theorie hatte mehr Einfluss auf Therapie und Erziehung als auf die psychologische Forschung. Für Maslow ist [...] das angeborene Bedürfnis, zu wachsen und das eigene Potential möglichst auszuschöpfen, die zentrale motivationale Kraft des Menschen.

Zimbardo, Philip G.: Psychologie. Berlin u. a. 1992, S. 352 f. (gekürzt; Hervorhebungen im Original).

Transzendenz
Spirituelle Bedürfnisse, sich mit dem Kosmos in Einklang zu fühlen

Selbstverwirklichung
Bedürfnis, das eigene Potential auszuschöpfen, bedeutende Ziele zu haben

Ästhetische Bedürfnisse
Bedürfnisse nach Ordnung, Schönheit

Kognitive Bedürfnisse
Bedürfnisse nach Wissen, Verstehen, nach Neuem

Selbstwert
Bedürfnisse nach Vertrauen und dem Gefühl, etwas wert zu sein und kompetent zu sein; Selbstwertgefühl und Anerkennung von anderen

Bindung
Bedürfnisse nach Zugehörigkeit, Verbindung mit anderen, zu lieben und geliebt zu werden

Sicherheit
Bedürfnisse nach Sicherheit, Behaglichkeit, Ruhe, Freiheit von Angst

Biologische Bedürfnisse
Bedürfnisse nach Nahrung, Wasser, Sauerstoff, Ruhe, Sexualität, Entspannung

A 6 Thomas Luckmann: Die unsichtbare Religion

Der deutsch-amerikanische Soziologe Thomas Luckmann (1927–2016) setzt sich mit der Vorstellung auseinander, die moderne Gesellschaft sei insgesamt unreligiös, wie es die damalige Religionssoziologie behauptet. Für diese
⁵ *(seiner Meinung nach irrige) Vorstellung versucht Luckmann Ursachen zu finden, indem er die aus seiner Sicht fragwürdigen Annahmen der Religionssoziologen untersucht, die zu dieser Vorstellung führen, und kritisiert die Verfahrensweisen dieser Religionssoziologen. Tho-*
¹⁰ *mas Luckmann war zuletzt Professor für Soziologie an der Universität Konstanz.*

Die wichtigste Annahme – die auch die schwerwiegendsten Folgen für die Forschung und Theorie der Religionssoziologie hat – besteht in der Gleichsetzung von Kirche und Religion. Zuweilen wird diese Annahme als methodologisches Prinzip formuliert: Was immer Religion auch sei, der wissenschaftlichen Analyse ist sie nur insoweit zugänglich, als sie organisiert und institutionalisiert ist. Die meisten weiteren Annahmen stehen in engem Zusammenhang mit dieser Hauptannahme, oder sie sind unmittelbar aus ihr abgeleitet. Religion wird zum sozialen Tatbestand, entweder als Ritual (institutionalisiertes religiöses Verhalten) oder als Doktrin (institutionalisiertes religiöses Wissen). [...]

Überbleibsel dieser Auffassung sind in das Verständnis – oder Missverständnis – des Säkularisierungsbegriffs[1] eingegangen, das von der jüngeren Religionssoziologie vertreten wird. Mangels einer wohlbegründeten Theorie hält man die Säkularisierung für einen Vorgang der religiösen Pathologie[2], die einfach an der zurückgehenden Reichweite der Kirchen abzulesen ist. Da [...] kommt man schnell zu dem Schluss, dass die moderne Gesellschaft unreligiös sei. [...] Die Kirchen bleiben dann gleichsam Inseln des Religiösen (oder der Irrationalität) in einem Meer des Unglaubens (oder der Vernunft). [...] Die Ursachen für die schrumpfende Reichweite der Kirchen werden im Prozess der Verstädterung und der Industrialisierung gesucht [...]. Nur wenn man Kirche und Religion gleichsetzt, kann man darüber hinwegsehen, dass diese Erklärung eine Antwort auf die Ausgangsfrage schuldig bleibt. Es ist wichtig anzumerken, dass die Gleichsetzung von Kirche und Religion [...] wohl einzig und allein den Kirchen ohne Einschränkung akzeptabel erscheint. Eine institutionelle Deutung der Religion kommt dem Verständnis nahe, das die Kirchen im allgemeinen, ungeachtet aller theologischen Argumente über die sichtbare und unsichtbare Kirche[3] von sich selbst haben. [...]

Die »objektive« Dimension wird zumeist als äußerlich wahrnehmbares »Verhalten« verstanden. Praktisch führt das dazu, dass die »objektive« Dimension von Religiosität anhand verschiedener Beteiligungsindizien gemessen wird. Besonders beliebt sind Gottesdienstbesuchszahlen. Der Gottesdienstbesuch ist natürlich für den, der kirchenorientierte Religiosität zu untersuchen hat, eine wichtige Form sozialen Handelns. Es ist aber irreführend, anzunehmen, dass ein eindeutiges Verhältnis besteht zwischen der »objektiven« Erfüllung einer institutionell gegebenen Norm und der kirchengebundenen Religiosität als einem sozialpsychologischen Phänomen in seiner ganzen subjektiven Bedeutung. Die Schwierigkeiten werden vergrößert, wenn man Besuchszahlen isoliert, während andere (ganz nebenbei gesagt, ebenso mehr oder weniger »messbare«) Komponenten der kirchenorientierten Religiosität vernachlässigt werden; mit anderen Worten, wenn man die Kirchenbesuchszahlen als wichtigsten Hinweis für Kirchenreligiosität betrachtet. Es ist vollkommen unzulässig, auf Besuchszahlen der Gottesdienste Interpretationen über das Vorhandensein oder Fehlen von Religiosität [...] zu stützen [...].

Die »subjektive« Dimension der Religiosität wird fast durchweg mit religiösen Meinungen oder Einstellungen gleichgesetzt. Vor diesem Hintergrund werden dann standardisierte Verfahrensweisen und Techniken der Meinungsforschung für die Erforschung der Religiosität eingesetzt, und zwar ohne dass große Bedenken über ihre Angemessenheit aufkämen. [...] Gegenstand der Interviewfragen [...] sind institutionell festgelegte Dogmen und theologische Positionen. Die institutionell vorgegebenen Kirchendogmen spielen die Rolle der Meinungsfragen, und der Befragte kann seine Zustimmung oder seine Ablehnung zu diesen Fragen ankreuzen oder sich sogar seinen Ort auf einer Meinungsskala aussuchen. Für manche Forschungszwecke wird Religiosität gelegentlich sogar noch naiver durch die Einstellung »für« oder »gegen« eine bestimmte Kirche,

Konfession definiert. Allzu leicht führt die Gleichsetzung von Religiosität und Kirche zu einer meist technisch begründeten Einengung dessen, was Religion ist. Diese Einengung besteht darin, dass lediglich voneinander isolierte individuelle Einstellungen zu kirchlichen Dogmen abgefragt oder [...] quantitativ gemessen werden usw. Der Versuch, Religion zu messen, [...] kann sogar zur Verwechslung der religiösen Meinung mit der Einstellung zur Kirche führen.

Luckmann, Thomas: Die unsichtbare Religion. Frankfurt/M. 1991, S. 55–60 (gekürzt).

1 Säkularisierung: Prozess der Abnahme der Bedeutung von Kirche oder von Religion.

2 Pathologie: (medizinischer Fachausdruck) Krankheitslehre.

3 Unsichtbare Kirche: Nach einer Unterscheidung von Martin Luther ist die wahre (unsichtbare) Kirche nicht identisch mit der äußerlich sichtbaren Kirche.

A7 Empirische Umfrage zum Thema Religiosität

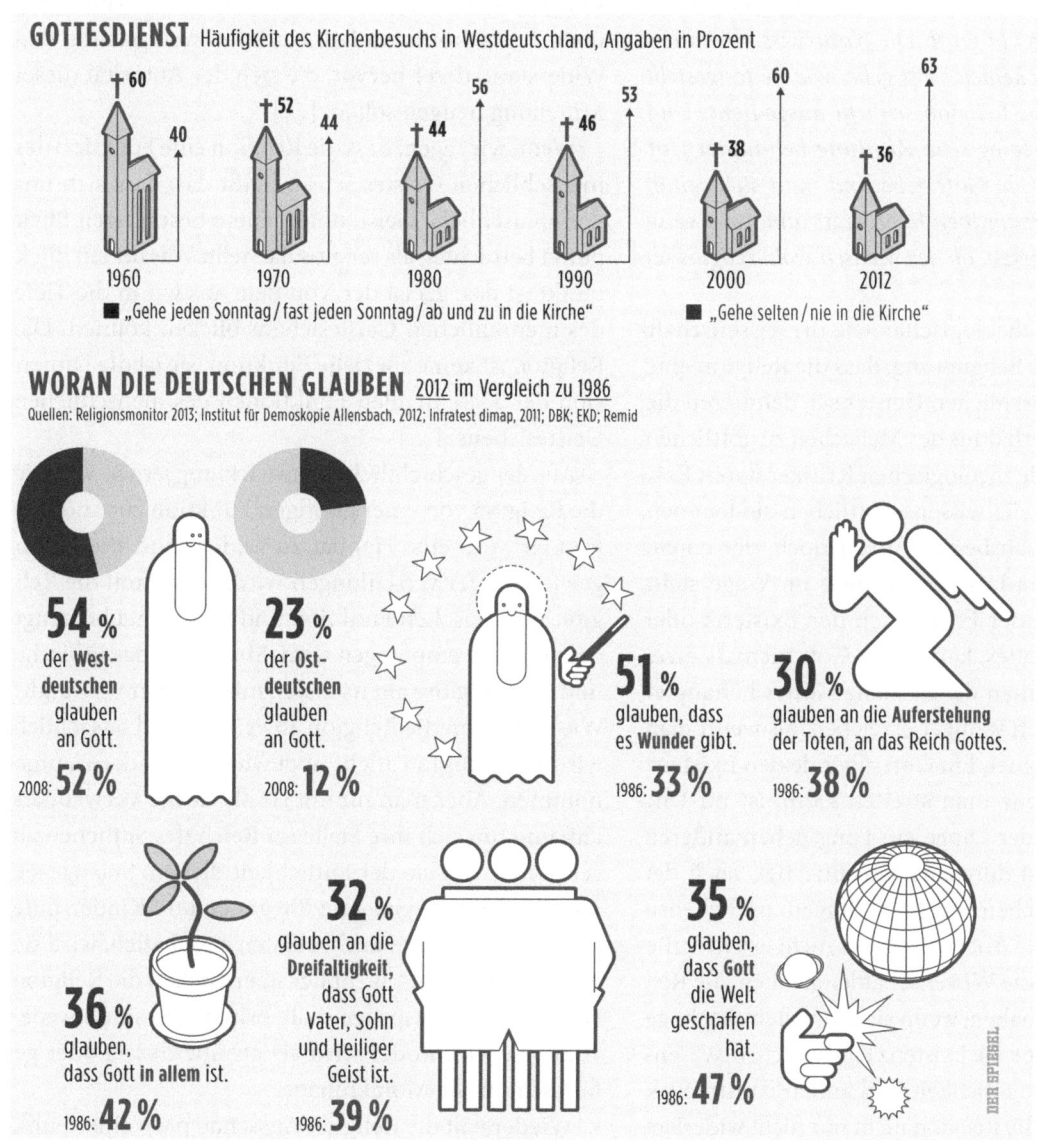

Quellen: Religionsmonitor 2013; Institut für Demoskopie Allensbach, 2012; Infratest dimap, 2011; DBK; EKD; Remid SPIEGEL Wissen 2 (2013) vom 07.05.2013, S. 24 f.

A 8 Paul Tillich: Religion als eine Funktion des menschlichen Geistes?

Paul Tillich (1886–1965) ist einer der bedeutendsten evangelischen Theologen und Religionsphilosophen des 20. Jahrhunderts. Er emigrierte 1933 vor den Nazis in die USA und wurde dort bald der bekannteste Theologe.
5 *Er hielt Gastvorträge in aller Welt und war wegen seiner offenen Haltung sehr gefragt.*

Im folgenden Textausschnitt versucht Tillich die Frage zu klären: Was ist Religion, in welche der »Geistesfunktionen« (gemeint sind Handeln, Denken, Kunst) gehört sie?
10 *Dazu bemerkt er zunächst, dass an der These, Religion gehöre zum Menschen dazu, von zwei gegensätzlichen Seiten aus Kritik geübt wird: Die Naturwissenschaftler behaupten, dass es keinen Gott gebe, wie sie festgestellt hätten. Daher habe Religion schlicht ausgedient. Und*
15 *eine bestimmte theologische Richtung behauptet trotzig, dass es sehr wohl Gott gebe und man sich seiner Offenbarung unterzuordnen habe, statt unnötigerweise darüber nachzudenken, ob der Mensch wohl religiös sei.*

Beide, sowohl die theologischen wie die wissenschaft-
20 lichen Kritiker der Behauptung, dass die Religion eine Funktion des menschlichen Geistes sei, definieren die Religion als das Verhältnis des Menschen zu göttlichen Wesen, nur dass die theologischen Kritiker deren Existenz bejahen und die wissenschaftlichen sie leugnen.
25 Eben dieser Religionsbegriff ist es jedoch, der einem wirklichen Verständnis der Religion im Wege steht. Beginnt man mit der Frage nach der Existenz oder Nicht-Existenz Gottes, kann man Gott niemals erreichen. Und wenn man die Existenz Gottes behauptet,
30 kann man ihn noch weniger erreichen, als wenn man seine Existenz leugnet. Ein Gott, über dessen Existenz oder Nicht-Existenz man streiten kann, ist im Universum existierender Dinge ein Ding neben anderen Dingen. Und es ist durchaus gerechtfertigt, nach der
35 Existenz eines solchen Dinges zu fragen, und ebenso gerechtfertigt ist die Antwort, dass es nicht existiert. Bedauerlich ist, dass die Wissenschaftler glauben, die Religion widerlegt zu haben, wenn sie mit vollem Recht gezeigt haben, dass für die Existenz eines solchen Wesens
40 keinerlei Wahrscheinlichkeit vorhanden ist. In Wirklichkeit haben sie die Religion nicht nur nicht widerlegt, sondern ihr einen großen Dienst erwiesen. Sie haben die Religion gezwungen, die überwältigende Macht des Wortes »Gott« neu zu verstehen und zu formulieren. Unglücklicherweise begehen viele Theologen denselben
45 Fehler. Sie beginnen ihre Verkündigung mit der Behauptung von der Existenz eines höchsten Wesens, Gott genannt, dessen autoritäre Offenbarungen ihnen zuteil geworden seien. Diese Theologen sind für die Religion gefährlicher als die so genannten atheistischen Wissen-
50 schaftler. Sie tun den ersten Schritt auf dem Weg, der zwangsläufig zu dem führt, was man Atheismus nennt. Sobald Gott von den Theologen zu einem höchsten Wesen gemacht wird, das einigen Menschen Mitteilung über sich zukommen ließ, ruft das zwangsläufig den
55 Widerstand derer hervor, die sich der Autorität dieser Mitteilung beugen sollen. […]

Wenn wir sagen, dass die Religion eine Funktion des menschlichen Geistes sei, so heißt das, dass sich uns der menschliche Geist, unter einem besonderen Blick-
60 punkt betrachtet, als religiös darstellt. Was für ein Blickpunkt ist das? Es ist der, von dem aus wir in die Tiefe des menschlichen Geisteslebens blicken können. Die Religion ist keine spezielle Funktion, sie ist die Dimension der Tiefe in allen Funktionen des menschlichen
65 Geisteslebens. […]

Aus der geschichtlichen Entwicklung lernen wir, wie die Religion von einer geistigen Funktion zur anderen wandert, um eine Heimat zu finden, und wie sie abgewiesen oder verschlungen wird. So kommt die Reli-
70 gion zur ethischen Funktion und klopft an, überzeugt, dass man sie empfangen wird. Sind nicht das Ethische und das Religiöse am nächsten miteinander verwandt? Wie kann man die Religion abweisen? Und tatsächlich wird die Religion nicht abgewiesen, sondern aufge-
75 nommen. Aber man nimmt sie als »arme Verwandte« auf, und um sich ihre Stelle im Reich des Sittlichen zu verdienen, soll sie der Sittlichkeit dienen. Solange sie mithilft, gute Bürger, gute Ehegatten und Kinder, gute Angestellte, Beamte und Soldaten zu schaffen, wird sie
80 geduldet. In dem Augenblick aber, in dem die Religion einen eigenen Anspruch stellt, bringt man sie entweder zum Schweigen oder wirft sie als überflüssig oder gefährlich für die Moral hinaus.

Wieder hält die Religion Ausschau nach einer Funk-
85 tion im Geistesleben, und diesmal wird sie von der Funktion des Erkennens angezogen. Die der Religion

eigentümliche Art der Erkenntnis – mythologische Phantasie oder mystische Schau – scheint ihr ein Heimatrecht zu verleihen. Wieder wird die Religion aufgenommen, aber sie muss sich der »reinen Erkenntnis« unterordnen und wird nur für kurze Zeit geduldet. Erstarkt durch den ungeheuren Erfolg der wissenschaftlichen Arbeit, widerruft die »reine Erkenntnis« bald ihre nur mit halbem Herzen vollzogene Aufnahme der Religion und erklärt, die Religion habe mit der Erkenntnis nichts zu schaffen.

Wiederum ist die Religion im menschlichen Geistesleben ohne Heimat. Sie sucht nach einer anderen Funktion des Geistes, der sie sich anschließen könnte. Sie findet sie in der ästhetischen Funktion. Warum sollte sie nicht innerhalb der künstlerisch-schöpferischen Produktivität des Menschen einen Platz finden?, so fragt sich die Religion durch den Mund der Religionsphilosophen. Und durch den Mund vieler Künstler, toter und lebender, antwortet das Reich der Kunst mit einem begeisterten Ja; die Religion wird nicht nur eingeladen sich anzuschließen, sie soll darüber hinaus anerkennen, dass die Kunst Religion sei. Aber jetzt ist es die Religion, die zögert. Ist nicht die Kunst ein Ausdruck der Begegnung des Künstlers mit dem Seienden, während Religion das Seiende verwandeln will? Und lebt nicht alle Kunst im Bild frei von den Zwängen der alltäglich begegnenden Wirklichkeit? Die Religion entsinnt sich ihrer einstigen Beziehungen zum Reich der Ethik und Erkenntnis, zum Guten und Wahren, und sie widersteht der Versuchung, sich in Kunst aufzulösen.

Aber wohin könnte die Religion sich noch wenden? Das ganze Feld des Geisteslebens ist besetzt, und kein Teilgebiet will der Religion einen angemessenen Platz einräumen. So wendet sich die Religion zu dem, was jede Tätigkeit des Menschen und jede Funktion des Geisteslebens begleitet, zu dem, was man Gefühl nennt. Religion als Gefühl – das scheint ihrem Umherirren ein Ende zu setzen. Und dieses Ende wird von all denen beifällig begrüßt, die nicht wünschen, dass sich die Religion in das Reich der Ethik und der Erkenntnis einmischt. Ist die Religion in das Reich des bloßen Gefühls verbannt, dann hört sie auf, dem Denken und Handeln des Menschen gefährlich zu sein. Aber, muss ergänzt werden, sie verliert auch ihren Ernst, ihre Wahrheit und ihren letzten Sinn. In der Atmosphäre der reinen Subjektivität des Gefühls, ohne ein bestimmtes Objekt der Emotion, ohne einen letzten Inhalt geht die Religion zugrunde. Auf die Frage nach der Religion als einer Funktion des menschlichen Geistes ist also auch das keine Antwort.

In dieser Situation – ohne Heimat, ohne einen Ort zum Verweilen – erkennt die Religion plötzlich, dass sie einen solchen Ort nicht braucht, dass sie gar nicht nach einer Heimat suchen muss. Sie ist überall zu Haus, nämlich in der Tiefe aller Funktionen des menschlichen Geisteslebens. Die Religion ist die Tiefendimension […].

Was bedeutet diese Metapher der Tiefe? Sie bedeutet, dass die religiöse Dimension auf dasjenige im menschlichen Geistesleben hinweist, das letztlich, unendlich, unbedingt ist. *Religion ist im weitesten und tiefsten Sinne des Wortes das, was uns unbedingt angeht.*

Und das, was uns unbedingt angeht, manifestiert sich in allen schöpferischen Funktionen des menschlichen Geistes.

- Es wird offenbar in der Sphäre des Ethischen als der unbedingte Ernst der ethischen Forderung; verwirft man die Religion im Namen der ethischen Funktion des menschlichen Geistes, so verwirft man die Religion im Namen der Religion.
- Das, was uns unbedingt angeht, wird offenbar in dem Reich des Erkennens als das leidenschaftliche Verlangen nach letzter Realität; verwirft man die Religion im Namen der Erkenntnisfunktion des menschlichen Geistes, so verwirft man die Religion im Namen der Religion.
- Das, was uns unbedingt angeht, wird offenbar in der ästhetischen Funktion des menschlichen Geistes als die unendliche Sehnsucht nach dem Ausdruck des letzten Sinnes; verwirft man die Religion im Namen der ästhetischen Funktion des menschlichen Geistes, so verwirft man die Religion im Namen der Religion.

Man kann die Religion nicht mit letztem Ernst verwerfen, weil der Ernst oder das Ergriffensein von dem, was uns unbedingt angeht, selbst Religion ist. Die Religion ist die Substanz, der Grund und die Tiefe des menschlichen Geisteslebens. Das ist die religiöse Dimension des menschlichen Geistes.

Tillich, Paul: Religion als eine Funktion des menschlichen Geistes? (1955), in: Ders.: Gesammelte Werke, Bd. 5. Stuttgart 1964, S. 37–42 (gekürzt).

Baustein B: Religiöser Fundamentalismus

In diesem Baustein geht es grundlegend um Abgrenzungen zwischen fundamentalistischen und aufgeklärten Formen von Religion. Das Thema ist höchst aktuell und daher für die Lernenden erfahrungsgemäß zwar sehr attraktiv, sie haben aber teilweise sehr krude Vorannahmen und Vorkenntnisse: Erstens, die meisten Lernenden verstehen unter »fundamentalistisch« eher so etwas wie »sehr streng«. Zweitens, die meisten Lernenden haben keine Vorstellung davon, dass Fundamentalismus wissenschaftlich aufgefasst wird als Modus der Reaktion auf Liberalisierungstendenzen: »Religiöser Fundamentalismus – sofern er mehr ist als ein bloß individuelles oder schichtenspezifisches Bildungsproblem – beginnt […] genau dort, wo die Ausdifferenzierung der Gesellschaft in Ethos, Recht, Politik und Religion im Namen des uniformen heiligen Kosmos wieder rückgängig gemacht wird.«[1] Drittens, die meisten Lernenden haben keine Vorstellung davon, a) wie eine nicht-fundamentalistische Religionsausübung aussehen könnte, b) welche entscheidenden Beiträge z. B. Reformation und Aufklärung dazu geleistet haben und c) dass es Formen von Religion geben kann, die der Aufklärung nicht entgegengesetzt sind, sondern diese im Gegenteil produktiv in sich aufnehmen. Damit sind auch hier Vernetzungsmöglichkeiten zu den anderen Bausteinen dieses Bandes aufgewiesen.

Das Thema ist aber auch aus einem etwas tieferliegenden Grund aktuell: In jüngster Zeit scheinen sich die Stimmen derjenigen zu mehren, die meinen, Religion sei per se fundamentalistisch, jede Form von Religion, aber auch Religions*unterricht*, stehe unter Fundamentalismusverdacht. Natürlich ist das auch der Fall bei prominenten Religionskritikern, sowohl bei klassischen (im vorliegenden Band soll beispielhaft die Religionskritik Friedrich Nietzsches behandelt werden, vgl. C5 und C6) wie auch bei aktuellen (etwa der britische Biologe Richard Dawkins, vgl. C7). Daher ist es umso wichtiger, herauszustellen, dass der Religionsunterricht – recht verstanden – nicht der Beförderung von Fundamentalismus dient, sondern ein Fundamentalismusverhinderungsfach ist.

Vom Unterrichtsgang her bietet sich ein induktiver Zugang an: Man beginnt zweckmäßigerweise mit einem *Beispiel* von Fundamentalismus und erarbeitet daran gewisse *allgemeine* Elementen des Fundamentalismus, die man anschließend auch bei anderen Beispielen wiederfinden kann. Natürlich sollte dabei nicht nur eine einzige Religion behandelt werden, also etwa nicht nur islamischer Fundamentalismus, sondern auch christlicher. Zu dem schauerlichen Text der früheren Tagesschausprecherin Eva Herman (B1) sind vermutlich einige einleitende Worte zum Loveparade-Unglück 2010 in Duisburg nötig. An diesem Text (zusätzlich ist auch D1 passend) können bereits die meisten der in dem – erst danach zu behandelnden – Lexikonartikel von Gottfried Küenzlen (B5) genannten Merkmale des religiösen Fundamentalismus (induktiv) erarbeitet werden. Sie können sodann auch an Beispielen des *islamischen* Fundamentalismus entdeckt werden (B2). Der Essay von Maram Stern (B3) lenkt den Blick auf eine Form des *anti*-religiösen Fundamentalismus, nämlich den Antisemitismus. Im Anschluss hieran ist es wichtig, noch einmal die Perspektive zu wechseln. Zwar könnte man, nachdem Beispiele für religiösen Fundamentalismus behandelt worden sind und ein wissenschaftlicher Begriff erarbeitet worden ist, annehmen, nun sei alles gesagt, aber wie so oft gilt didaktisch: *Das Gegenteil versteht sich nicht von selbst*. Denn das Gegenteil von »religiösem Fundamentalismus« ist nicht »gar keine Religion«, sondern »aufgeklärte Religion«. Wie die nun aber aussehen könnte, ist den Lernenden, wie schon gesagt, keineswegs von allein klar. Das ergibt sich vielmehr erst im (erneuten) Durchgang durch die von Küenzlen (B5) genannten Definitionselemente des Fundamentalismusbegriffes, wobei unterrichtlich nicht unbedingt alle vier gleich einleuchtend bzw. schlagend sind. Um zu erarbeiten, wie eine nicht-fundamentalistische Praxis des Christentums aussieht, kann man die Bausteine C und D verwenden; für eine nicht-fundamentalistische Praxis des Islam das Material B4. Wie dann wiederum aufgeklärte Angehörige zweier verschiedener Religionen gut miteinander kooperieren können, soll in B6 deutlich werden.

1 Barth, Ulrich: Was ist Religion? Sinndeutung zwischen Erfahrung und Letztbegründung, in: Ders.: Religion in der Moderne. Tübingen 2003, S. 3–27, hier S. 27.

B 1 Die Loveparade-Katastrophe 2010 in Duisburg als Strafe Gottes

Der historische Hintergrund dieses Zeitungsartikels ist die Loveparade-Katastrophe in Duisburg 2010, als infolge eines Gedränges, das auf unzureichende Organisation und Sicherheitsvorkehrungen zurückging, 21 Menschen starben und über 500 zum Teil schwer verletzt wurden.

Der Zeitungsartikel reagiert auf einen Artikel der früheren Tagesschausprecherin und freien Autorin Eva Herman (*1958).

Sie ließ sich Zeit. Erst einen Tag nach dem Unglück bei der Love Parade in Duisburg meldete sich Eva Herman zu Wort, ehemalige Tagesschau-Sprecherin und inzwischen so etwas wie eine Staubsaugervertreterin für das gesunde Volksempfinden der Nachkriegszeit. Auf der Internetseite des Kopp-Verlages schreibt Herman, die Tode könnten eine Strafe Gottes für hemmungsloses Feiern sein: »Eventuell haben hier ja auch ganz andere Mächte mit eingegriffen, um dem schamlosen Treiben endlich ein Ende zu setzen. Was das angeht, kann man nur erleichtert aufatmen!«

Bevor Herman erleichtert aufatmen kann, schimpft sie mit kaum verhohlener Wut und – man kann sich des Eindrucks kaum erwehren – zumindest etwas Schadenfreude über das Lotterleben der Jugend von heute. Und auf die moderne Zeit.

Denn, so hat Eva Herman erkannt: »Dieses ›friedliche Fest fröhlicher junger Menschen‹ ist in Wahrheit eine riesige Drogen-, Alkohol- und Sexorgie, geplant, genehmigt und zum Teil finanziert von der Stadt Duisburg und NRW.« Im Fernsehen hat sie offenbar Bilder gesehen, welche blankes Entsetzen in der Ex-Journalistin hervorrufen. »Viele Mädchen haben den Busen blank gezogen, manche sind fast völlig nackt. Sie wiegen sich in ekstatischer Verzückung im ohrenbetäubenden Lärm, Begriffe wie Sittlichkeit oder Anstand haben sich in den abgrundtiefen Bassschlägen ins Nichts aufgelöst.«

Diesen Klageruf nach christlichen Werten kennt man von Herman schon aus früheren Wortbeiträgen. Neu ist, dass sie sich als Musikkritikerin betätigt und zwar als eine aus der ganz piefigen Großmutter-Ecke, in der vor allem eine rhetorische Frage gestellt wird: Ist das denn noch Musik? Die Antwort muss natürlich nein lauten.

»Das ohrenbetäubende, stereotype Rave-Gehämmere, das nicht mehr im Geringsten etwas mit dem einstmaligen Begriff von Musik zu tun hat, zerschmettert ihnen über zahllose Stunden Trommelfelle und Nervenkostüme.« […]

Eines macht der Autorin wahrlich zu schaffen. Trotz des »Gehämmeres« haben sich die Menschen ganz offenbar »freiwillig dazu entschieden, hierher zu kommen.« Das ist schwer für eine Frau, die sich doch in der schweigenden Mehrheit verortet, einem Platz also, von dem aus all diejenigen, die Widerspruch üben, als zumindest bemitleidenswert, gerne aber auch als verdammniswürdig beschrieben werden können. Oder eben als solche, die den Tod verdient haben.

Sie löst dieses Dilemma mit einem alten und recht unoriginellen Trick, der ihr sicherlich den Beifall ihrer Peer Group eintragen wird: Nicht die Jugendlichen selbst sind schuld. Vielmehr wurden sie verführt vom alten Lieblingsfeind, den 68ern. »Die unheilvollen Auswüchse der Jetztzeit sind, bei Licht betrachtet, vor allem das Ergebnis der Achtundsechziger, die die Gesellschaft ›befreit‹ haben von allen Zwängen und Regeln, welche das ›Individuum doch nur einengen‹«, schreibt Herman und fabuliert dann noch einmal über Nacktheit und kleidloses Tanzen. Fazit dann wiederum: »Die Achtundsechziger haben ganze Arbeit geleistet!«

Die leistet Eva Herman allerdings ebenfalls, denn sie geht auch noch dem Bundespräsidenten an den Kragen. Christian Wulff (CDU) hat ihrer Meinung nach wohl Mitschuld an all der Zügellosigkeit und der Strafe des Herrn, denn er hat dem dionysischen Treiben keinen Einhalt geboten. Schlimmer noch. Er lobte. »Das ist die Kehrseite der Medaille über die Loveparade, die laut dem neuen Bundespräsidenten Wulff ein ›friedliches Fest fröhlicher, junger Menschen‹ sein sollte«, schreibt Herman. Und: »Man fragt sich, welche Veranstaltung der Mann wirklich meint? Den Musikantenstadl vielleicht?«

Der Bundespräsident und Gott. Darunter macht es Herman eben nicht.

Daniel Schulz: Gott straft die Sünder (taz vom 25.07.2010, https://taz.de/!5138485/, Abruf am 01.07.2019).

B2 Ahmad Mansour: Die Attraktivität des islamischen Fundamentalismus

Helena ist 19 Jahre alt. [...] Irgendwann bemerkte Helenas Mutter, dass ihr Mann sie mit einer anderen Frau betrog. Helena war gerade fünf, als ihre Eltern sich daraufhin scheiden ließen und ihre Mutter in eine tiefe Depression fiel. Anfangs bemühte Helenas Vater sich noch, den Kontakt zu seiner Tochter zu halten. Relativ bald nachdem er eine neue Freundin kennengelernt hatte, kam die Verbindung aber fast zum Erliegen.

Das bestimmende Gefühl aus Helenas Kindheit ist der Schmerz, im Stich gelassen zu werden. Umso größer ist deshalb ihr Wunsch nach Erlösung: Eine eigene Familie zu haben, möglichst mehrere Kinder, einen Mann, der sie liebt, dem sie sich anvertrauen, vielleicht sogar unterordnen kann. [...] Einen Mann, der das Gegenteil von ihrem Vater ist, so dass sie vor dem bewahrt bleibt, was ihrer Mutter widerfahren ist.

Als Helena 16 Jahre alt ist, kommt sie durch eine neue Schulfreundin zum ersten Mal mit dem Islam in Kontakt. Was diese Freundin ihr erzählt und im Internet zeigt, macht Helena neugierig. Und je mehr YouTube-Videos Helena anschaut und je mehr sie liest, umso überzeugter wird sie von der Idee, dass sie im Islam genau das finden kann, was sie sich wünscht: Klare Regeln und die große Bedeutung, die der Familie entgegengebracht wird, die strikt im Glauben lebt und intakt ist. Dazu das Versprechen, dass die Frau in der Familie nachgerade als Schatz angesehen wird, als Perle, die man hüten und mit der man sorgfältig umgehen muss.

Als sie die Familie ihrer Freundin zum ersten Mal besucht, ist Helena vollkommen überwältigt von der Atmosphäre, die dort herrscht. Die ganze Wohnung ist voller Leben, voller Kinder, die fröhlich durch die Zimmer laufen [...]. Auf dem großen Sofa sitzen die Frauen dicht beieinander, plaudern und lachen miteinander. So eine Wärme und Nähe hat Helena noch nie erlebt und dabei immer so schmerzlich vermisst. [...]

Der Islam scheint das zu erfüllen, wovon sie seit ihrer Kindheit geträumt hat: schnell heiraten zu können, eine eigene, heile Welt aufzubauen, eine Welt, die rein und gut ist, die ganz anders ist als die Welt ihrer Eltern. Eine Welt, in der sie prinzessinnengleich im Kreis einer großen Familie wird leben können.

Viel intensiver als zuvor unterhält sie sich mit ihrer Freundin und erfährt so immer mehr über den Islam. Irgendwann kommt das Gespräch auch auf den Terrorismus. Die Freundin sieht Helena halb erstaunt, halb empört an. Ob sie wirklich meine, sie seien Terroristen? Sie müsse doch wissen, dass das nur die westlichen Medien seien, die sie verunglimpfen wollten. Helena sei doch bei ihnen gewesen, sie habe doch gesehen, wie sie lebten. Natürlich würden Frauen nicht unterdrückt, die Männer passten nur auf sie auf. Und wenn die Männer darauf bestünden, eine Jungfrau zu heiraten, dann habe das auch seinen Grund. Wenn die Frauen nur einen Mann und die Männer nur eine Frau hätten, dann würde das diese beiden viel enger und unverbrüchlicher aneinanderbinden. Dass die Scheidung im Islam so schwer sei, liege doch nur daran, dass die Familie so wichtig sei. Gott selber habe im Koran offenbart, Scheidung sei das Schlimmste, was er gestattet habe. All das hört sich für Helena sehr überzeugend an. Helena beginnt, ihre Freundin zum Islamunterricht zu begleiten. [...] Helenas Entscheidung steht fest: Sie will zum Islam übertreten.

Als sie in der Moschee steht und alle ihr zujubeln, als sie die »Schahada«, das Glaubensbekenntnis der Muslime, ausruft, dass es keinen Gott außer Allah gebe und dass Mohammed sein Prophet sei, hat Helena das Gefühl, neu geboren zu werden. In diesem Moment, als sie sich endlich aufgehoben und geborgen fühlt, scheint die tiefe Wunde, die ihr Vater ihr zugefügt hat, von einer Sekunde zur anderen wie magisch geheilt. Zum ersten Mal hat Helena das Gefühl, im Mittelpunkt zu stehen und gleichzeitig vor allem Unbill der Welt geschützt zu sein. Und sie ist sicher: Nie wird ihr das zustoßen, was ihre Mutter hat erdulden müssen.

In der Moschee ist es auch, wo Helena eine ältere Frau kennenlernt, die sich ihrer gleich in sehr mütterlicher Weise annimmt. [...] Was Helena dieser Frau [...] weinend und voller Reue anvertraut, ist, dass sie schon einmal einen Freund gehabt hatte. Der allerdings hat sie nicht nur nach Strich und Faden belogen, sondern sie sitzen lassen, nachdem er sie überredet hatte, mit ihm zu schlafen.

Die Frau tröstet Helena und bestärkt sie zugleich. Sie sagt ihr, sie sei ein guter Mensch, eine schöne junge Frau, und sie verspricht, dass sie sich um sie kümmern, sie begleiten. Und dass sie einen Mann für sie finden wird, der sie nehmen wird, auch wenn sie keine Jungfrau mehr ist, der sie so akzeptiert, wie sie ist, und der sie islamisch heiraten und sich sein Leben lang um sie kümmern wird.

Tatsächlich dauert es nicht lange, und Helena lernt, vermittelt durch diese Frau, Ilhan, einen jungen Mann aus ihrer Gemeinde, kennen. Sie ist überglücklich, und sie ist, gerade in den ersten Monaten, sehr verliebt in ihn.

Es gefällt ihr, dass er von Anfang an deutlich macht, was er von ihr als seiner Ehefrau erwartet. Er wolle sie und die Ehre ihrer neuen Familie schützen, deshalb solle sie ihn bei ihren Aktivitäten außerhalb des Hauses um Erlaubnis bitten. Und wenn er »Nein« sage, dann meine er auch »Nein«. Und er möge es, wenn sie sich nur ihm zeigt. Schließlich sei sie sehr hübsch und andere Männer könnten deshalb sicher schwer den Blick von ihr wenden, sagt er ihr. Deshalb solle sie eine Burka außerhalb der eigenen Wohnung tragen. Helena empfindet die Forderungen des Mannes keineswegs als Zumutungen, sondern sie fühlt sich, als nehme Ilhan ihr eine tonnenschwere Last ab. Indem sie sich ihm unterordnet, gibt sie die Verantwortung für ihr Leben ab, sie fühlt sich aufgehoben. Ihr Mann verspricht, für sie stark zu sein und immer für sie zu sorgen.

Innerhalb von zwei Monaten wird der Termin für eine islamische Hochzeit anberaumt. Ihre Mutter ist entsetzt. Sie fleht Helena an, die Schule zu Ende zu bringen, das Abitur zu machen. Nur so könne sie selbständig werden, ihr eigenes Geld verdienen und sei gefeit davor, in dieselbe Situation zu geraten wie sie selber. Helena hat keinerlei Verständnis für die Bedenken ihrer Mutter. »Lächerlich« nennt sie diese ihr gegenüber, denn schließlich sei Ilhan anders als ihr eigener Vater. Er würde sie nie im Stich lassen, und weil sie nun das Leben einer rechtschaffenen Frau lebe, würde sie nie alleine dastehen. […] Die Situation eskaliert, schließlich ist Helena noch nicht volljährig. Nach Helenas Übertritt zum Islam wird das Verhältnis zu ihrer Mutter immer problematischer. Bald sind gar keine Begegnungen mehr möglich. Helena verweigert das Essen, das ihre Mutter kocht, sie weigert sich, mit ihr Weihnachten zu feiern, sie beschimpft ihre Mutter sogar offen als »Feindin Allahs«. Die Mutter […] setzt […] alles in Bewegung, um die Hochzeit zu verhindern. […] Aber Helena lässt sich nicht aufhalten. Ihre Mutter verzweifelt, weil Helena auf jedes ihrer Argumente eine formelhafte Antwort parat hat. Den gesellschaftlichen Widerständen zum Trotz trägt sie stolz eine Burka und verteidigt dies folgendermaßen: »Wir leben in einer Gesellschaft, in der Frauen für ihre Verschleierung bezahlen müssen. Während andere für ihre Freizügigkeit bezahlt werden.« Sie wisse nun, auf welcher Seite sie stehe. Weil der Konflikt mit ihrer Mutter sich nicht schlichten lassen will, zieht Helena nach der Hochzeit rasch aus und in die gemeinsame neue Wohnung mit ihrem Mann Ilhan. […] Alles, was ihr zustößt oder was sie denkt, versteht Helena nun als eine göttliche Prüfung. Und natürlich will sie diese Prüfungen auf alle Fälle bestehen. Die Zweifel etwa, die sie anfangs mitunter beschlichen haben, versteht sie jetzt als Versuche des Satans, sie vom rechten Weg abzubringen. Und nichts anderes waren natürlich auch die Reaktionen ihrer Mutter oder die ihrer Freunde. […]

Sie liest nicht nur im Koran, bald kennt sie sich auch mit islamischem Recht aus, weiß alles über die muslimische Erziehung von Kindern. Innerhalb von knapp drei Jahren ist Helena auf diese Weise nicht nur tief in eine fundamentalistische Variante des Islam eingetaucht, um sie herum hat sich auch ein abgeschlossenes Weltbild aufgebaut. Impulse von außerhalb können in diese Welt kaum noch eindringen. Mit ihrer Mutter telefoniert Helena sehr selten, der Vater spielt längst keine Rolle mehr in ihrem Leben, den Kontakt zu den alten Freunden hat sie nach ihrer Hochzeit ganz abgebrochen. […]

Ab jetzt umgibt sich Helena nur noch mit Menschen, die dieses geschlossene Weltbild teilen. Sie lebt in einer Welt voller Dämonen, voller Teufel, die es auszutreiben gilt. […] Ein Draußen außerhalb dieser Welt mit ihren Regeln und Fragen gibt es für Helena nicht mehr. Helena fühlt sich wohl in dieser Welt. Sie fängt an, andere Mütter und Familien zu beraten, engagiert sich in den Frauengruppen der Moschee. Und sie lernt mit Feuereifer Arabisch. Helena ist keine Frau, die zu Hause sitzt, womöglich von ihrem Mann geschlagen wird. Ihr hat die radikale islamistische Ideologie ermöglicht, sich leidenschaftlich für etwas einzusetzen.

Sie richtet sich ein in ihrem Glauben an eine zweigeteilte Welt – gut und böse, hell und dunkel, erlaubt und verboten. In der einen Hälfte der Welt gehen die Männer fremd und verlassen ihre Frauen und Kinder. In der anderen Hälfte der Welt gibt es Männer, die für das Paradies kämpfen und ihre Familie beschützen.

Zu ihrem großen Glück, so empfindet es Helena, lebt sie nun auf der guten Seite. Und wenn es auf dieser guten Seite dazugehört, dass es noch eine zweite Frau an der Seite ihres Mannes gibt, dann ist sie bereit, auch das zu akzeptieren. Sogar mitaussuchen würde sie diese zweite Frau. Sie weiß, dass Männer Triebe und Bedürfnisse haben. Und es ist für sie mittlerweile undenkbar, auch wenn es sie schmerzt, sich gegen ein Wort Gottes zu stellen.

Mansour, Ahmad: Generation Allah. Warum wir im Kampf gegen religiösen Extremismus umdenken müssen. Frankfurt/M. ³2015, S. 171–178 (gekürzt).

Ahmad Mansour (*1976) ist ein arabischer Israeli und lebt als Muslim in Berlin. Er war früher selber Islamist, wandte sich dann aber davon ab, studierte Psychologie und arbeitet nun für Projekte gegen Extremismus und Radikalisierung.

B 3 Maram Stern: Antisemitismus in Deutschland?

Es geht wieder ein Gespenst um in Deutschland, das Gespenst des Antisemitismus. Rapper, deren Songs Auschwitz-Opfer verhöhnen und Gewalt an Frauen propagieren, bekommen einen Preis. Jüdische Kinder werden auf Schulhöfen von Mitschülern antisemitisch beschimpft. Und in Großstädten ist es gefährlich geworden, sein Judentum offen zu zeigen. Ich muss mich manchmal kneifen, wenn ich daran denke, wie anders die Stimmung noch vor zehn Jahren war. Damals redete man von einer Renaissance des Judentums, von Deutschland als der einzig wachsenden jüdischen Gemeinde in Europa. Waren nicht die Zuwanderung Zehntausender Juden aus Osteuropa, die Belebung jüdischer Gemeinden und der Bau neuer Synagogen Beispiele dafür, dass sich das moderne Deutschland den Juden wieder zugewandt hatte, dass es ihnen wieder Heimat sein wollte? Hatten sich in Deutschland, dem Land der Täter, nicht mehr als 10 000 Israelis dauerhaft niedergelassen? Und jetzt das: 1453 bislang registrierte antisemitische Straftaten in Deutschland im Jahr 2017, im Durchschnitt vier angezeigte Fälle jeden Tag. Und eine große öffentliche Debatte, ob Juden in Deutschland sicher sind. Nun kommen vielleicht einige und sagen: Übertreibt ihr Juden nicht wieder einmal? Hebt ihr nicht bei jeder Gelegenheit mahnend den Zeigefinger? Und ist es nicht übertrieben, dass nun wieder in jeder TV-Talkshow von grassierendem Antisemitismus gesprochen wird? Solche Fragen stellen […] auch wir Juden […] uns manchmal. Auch wir fragen uns, ob der »Aufschrei der Guten« etwas bringt oder ob uns das am Ende eher schadet. Ist Deutschland für uns zu einem schlechten Pflaster geworden? Ich denke, nein. Es gibt keinen Exodus der Juden. Fakt ist aber: Antisemitische Äußerungen haben auch hier Hochkonjunktur. Sie manifestieren sich im öffentlichen Raum, im Netz und auf den Straßen deutscher Großstädte. So etwas gab es in dieser Dimension schon lange nicht mehr. Ich bin 1955 in Berlin geboren und dort zur Schule gegangen. Nie hätte ich geglaubt, dass das Wort »Jude« einmal wieder ein Schimpfwort werden würde auf deutschen Schulhöfen. Nie hätte ich gedacht, dass so viele junge Menschen in den sozialen Netzwerken alle Hemmungen fallen lassen und in einer Art und Weise gegen Juden und gegen Israel hetzen, dass einem schlecht wird. Nie hätte ich erwartet, dass die Verantwortlichen der deutschen Musikwirtschaft – wiewohl sie doch im Vorfeld gewarnt waren – einen Preis an zwei Rapper vergeben würden, deren Geschäftsmodell auf dem Verbreiten von Hassbotschaften gegen Juden, Frauen und Homosexuelle basiert. Es erscheint mir wohlfeil, den Anstieg des Judenhasses in den letzten Jahren nur bei muslimischen Zuwanderern zu suchen (um ihn dann schnell der Bundeskanzlerin und ihrer angeblich verfehlten Einwanderungspolitik in die Schuhe zu schieben). Natürlich gibt es ihn, den »importierten Antisemitismus«, den abgrundtiefen Hass auf Israel und auf Juden, bei vielen, die in Deutschland Zuflucht gefunden haben. Das darf auf keinen Fall unter den Teppich gekehrt werden, und wenn nötig, muss auch mit Härte durchgegriffen werden. Aber […] wie erklärt man den grassierenden Antisemitismus unter jenen, die nicht Flüchtlinge, sondern in Deutschland geboren und aufgewachsen sind? Unter jenen, die deutsche Schulen durchlaufen, die deutsche Medien konsumiert haben, die etwas erfahren mussten über die Vernichtung der sechs Millionen Juden durch Hitler-Deutschland? Müssten die nicht immun sein gegen Antisemitismus? […] Mangelnde Bildung, mangelnde Information in den Medien, mangelndes Interesse am Thema können es nicht sein. »Die Politik« als solche ist auch nicht die Schuldige: Von Ausnahmen abgesehen, stehen die wichtigen deutschen Parteien fest zur jüdischen Gemeinschaft in Deutschland […]. Deutschland unterhält gute Beziehungen zu Israel, bessere jedenfalls als viele andere europäische Länder. Dennoch ist da ein Unbehagen, etwas Unterschwelliges. Für Juden wird Antisemitismus in Deutschland wieder erfahrbar. Die Polizisten, die Synagogen und jüdische Zentren bewachen, stehen nicht umsonst dort. Sie werden benötigt. Ist der massive Anstieg von Hasskommentaren im Netz ein Vorbote von Schlimmerem? Die Renaissance des Judentums in Deutschland womöglich eine Schimäre? Ist jüdisches Leben in Deutschland auf einem Vulkan gebaut, der schon wieder zu brodeln beginnt? Das sind keine einfachen Fragen. Ich bin eigentlich ein Optimist und sehe das Glas lieber als halb voll an. Dennoch stelle ich fest: Wir Juden, unsere Religion, unsere Bräuche und unsere Sensibilitäten, sind vielen in Deutschland lebenden Menschen nach wie vor fremd und ein Dorn im Auge. Das vor allem dann, wenn wir unser Judentum offen zeigen […]: Müssen diese Juden denn ihre Religion so offen zur Schau stellen? Können die ihre archaischen Riten und Bräuche – Beschneidung und Schächten etwa – nicht endlich abschaffen? Oder sollten wir das nicht gleich ganz verbieten? Als im Sommer 2012 die Beschneidungsdebatte in Deutschland tobte, konnte man schon sehen, wie ernst es manchen in Deutschland mit dem Schutz jüdischen Lebens in Wahrheit ist: eigentlich nicht sehr ernst. Die Debatte um die religiöse Beschneidung wurde zwar durch die Politik mittels eines eilends beschlossenen Gesetzes entschärft, aber das war, wie wenn man einen Deckel auf einen Topf mit heißer Milch knallt, um zu verhindern, dass sie überkocht. Das Problem ist ein viel fundamentaleres: Religion, religiöse Bräuche und Symbole werden mehr und mehr aus dem öffentlichen Raum zurückgedrängt – von bayerischen Amtsstuben einmal abgesehen. Zum einen gibt es da jene, die die Islamisierung des Abendlandes befürchten. Das diffuse Gefühl, die deutsche Rechts- und Werteordnung sei durch die Zuwanderung von Muslimen in Gefahr, wird vor allem geschürt von jenen Neu-Rechten, die behaupten, der Kampf gegen den Islam sei der beste Schutz jüdischen Lebens in Deutschland. Nur lassen wir Juden uns nicht gern vereinnahmen von Leuten, deren ideologische Vordenker die größten Antisemiten waren und die zentrale jüdische Traditionen wie religiöse Beschneidung oder Schächten verbieten möchten. Wir mögen es nicht, wenn eine Minderheit, die jüdische, gegen eine andere Minderheit, die muslimische, in Stellung gebracht wird. Um es klar zu sagen: Jüdisches Leben schützt man nicht dadurch, dass man Muslime ausgrenzt. […] Seth Kaplan von der John Hopkins University in Baltimore schrieb jüngst: »Das Thema der Beschneidung ist eine Messlatte dafür, ob westliche Gesellschaften die Religionsfreiheit immer noch so hoch bewerten, dass sie eine große Vielfalt von Weltanschauungen und Praktiken umfassen und anerkennen. Seit Tausenden von Jahren ist die Beschneidung ein integraler Bestandteil der kulturellen Identität und des religiösen Glaubens großer Teile der Welt. Die momentane Bewegung, sie im Westen abschaffen zu wollen, lässt eine weitere Verengung der Bandbreite religiöser Freiheit erwarten.« Wer im Namen abendländischer Werte die Religionsfreiheit einschränken, wer Religion aus dem öffentlichen Raum verdrängen will, der erweist sich selbst und den Juden in Deutschland einen Bärendienst. […] Man verteidigt die westliche Werteordnung nicht dadurch, dass man diese Werte aufgibt, sondern indem man seine Werte anderen vorlebt und ihnen dadurch zu Akzeptanz verhilft. Die Religionsfreiheit ist ein Grundpfeiler dieser Werteordnung. Wer sie einschränken möchte, untergräbt sie. Gute Integration von Zuwanderern, nicht nur muslimischen, sondern auch jüdischen, setzt eine gewisse Empathie voraus, einen Vertrauensvorschuss. Wem wirklich daran liegt, dass der Antisemitismus zurückgedrängt wird oder ganz verschwindet, der muss das Anderssein zulassen. Der muss aushalten, dass Menschen auf der Straße mit Kippa, Kopftuch oder im Minirock rumlaufen. Die Geschichte der assimilierten deutschen Juden vor 1933, aber auch das Beispiel des laizistischen Frankreichs lehrt uns: Vorurteile gegenüber Fremden nehmen nicht automatisch ab, wenn Minderheiten scheinbar gut integriert sind. Ressentiments gegenüber Juden gäbe es selbst dann, wenn niemand mehr eine Kippa trüge. Ressentiments gegenüber Muslimen gäbe es selbst dann, wenn das Kopftuch verboten würde.

Vor einigen Wochen wurde Felix Klein zum ersten Beauftragten der Bundesregierung für jüdisches Leben in Deutschland und den Kampf gegen Antisemitismus bestellt. Es ist ein Signal, dass Klein nicht nur für die Bekämpfung des Judenhasses, sondern eben auch für jüdisches Lebens in Deutschland zuständig sein wird. Hoffentlich ist seine Bestellung nicht nur als ein Signal des guten Willens an jüdische Organisationen gedacht. Hoffentlich ist sie ein Zeichen, dass jüdisches Leben dauerhaft zu Deutschland gehören soll, dass Juden ihren Glauben ganz selbstverständlich, offen und frei leben können. Denn die beste Maßnahme gegen Antisemitismus ist die Schaffung von Akzeptanz jüdischen Lebens. Das Judentum kann sich in Deutschland auf Dauer nur verankern, wenn man sich als praktizierender Jude nicht mehr verstecken muss im Hinterhof oder in den eigenen vier Wänden und wenn man sich für seine Traditionen nicht schämen oder ständig rechtfertigen muss. Normalität und Akzeptanz kann man nicht erzwingen oder herbeireden. Symbolische Handlungen, so wichtig diese manchmal sind, reichen nicht aus. Genauso wenig wie es ausreicht, eine Kippa auf dem Kopf zu tragen. Es muss sich etwas ändern in den Köpfen. Daran muss man arbeiten, dafür muss man werben – und manchmal muss man dafür streiten. Mit dem Aufhängen von Kreuzen ist es sicherlich nicht getan.

Stern, Maram: Auf einem Vulkan gebaut?, in: DER SPIEGEL Nr. 18 (2018), S. 22f. (gekürzt).

Maram Stern (*1955) ist stellvertretender Geschäftsführer des jüdischen Weltkongresses.

B4 Gibt es einen aufgeklärten Islam?

In Deutschland hat längst ein Kampf um die Deutungshoheit über den Islam begonnen. Moderne Muslime fordern Fundamentalisten heraus – und wollen ihre Religion erneuern.

Wenn man in diesen Tagen mit Muslimen spricht, dann merkt man es ihnen an: Sie sind langsam müde, sich wieder und wieder erklären und die immer gleichen Fragen beantworten zu müssen. Kopftücher, Ehrenmorde, ist der Islam eine Frauen verachtende, eine demokratiefeindliche, eine fanatische, gar faschistische Religion?

Keiner der Muslime, die wir für diese Geschichte getroffen haben, leugnet, dass es Probleme gibt, keiner verschließt die Augen davor, wie im Namen des Gottes, an den sie glauben, Taten gerechtfertigt werden, die nichts mit dem Koran zu tun haben, wie sie ihn verstehen.

Im Gegenteil. Sie sind es ja, die zum Teil täglich konfrontiert sind mit den Realitäten des Islam in Deutschland, mit dem Einfluss der salafistischen Prediger oder dem Radikalismus Jugendlicher.

Mouhanad Khorchide etwa, der nur mit Polizeischutz unterwegs ist, wenn er sich in Münster bewegt. Seit Jahren wird er von Salafisten bedrängt. Er bekommt Hass-E-Mails und Morddrohungen. Der Kölner Konvertit Pierre Vogel hetzt im Internet gegen ihn.

Aber es gibt Muslime, die daran arbeiten, den Islam zu verändern, Professoren, Autorinnen, Psychologen, Prediger, ganz normale Gläubige, sie sind dabei, den Islam zeitgemäß zu deuten und zu leben, liberal, säkular, modern, wie immer man es nennen will. Die Erneuerung, die so oft gefordert wird, findet längst statt.

Khorchide, 44, ist als Sohn von Palästinensern in Saudi-Arabien aufgewachsen. Er sagt, er habe Abgründe und Widersprüche seiner Religion kennengelernt und wolle sie deshalb erneuern. Er wolle in seinen Seminaren »einen Raum schaffen, in dem die Studenten angstfrei über ihren Glauben debattieren können.«

2012 begann dieses Experiment. Khorchides Institut ist eines von vier Islamzentren in Deutschland, die Imame und Religionslehrer ausbilden. Das Projekt ist in vielem einzigartig in Europa und eine kleine Revolution. Es könnte den Islam über Deutschland hinaus prägen und verändern. Lange Zeit hat der Staat die religiöse Bildung der Muslime Moscheegemeinden und Laienpredigern überlassen. Ideologen konnten ihre radikale Interpretation des Koran unwidersprochen verbreiten. Die Absolventen der Islamzentren in Münster-Osnabrück, Frankfurt, Erlangen-Nürnberg und Tübingen sollen ein differenziertes, aufgeklärtes Religionsverständnis weitertragen.

Khorchide unterscheidet zwischen den Koranversen, die Mohammed der Erzählung nach als Prophet in Mekka empfangen hat und jenen, die ihn später als »Staatsoberhaupt« in Medina erreichten. Die mekkanischen Verse, die universelle Werte wie Gerechtigkeit, Freiheit, Menschenwürde umfassen, seien bis heute gültig, so Khorchide: »Gott ist kein Diktator.«

Wenn es einen Moment gab, an dem der liberale Islam in Deutschland deutlich sichtbar wurde, dann war es Navid Kermanis Auftritt in der Paulskirche im Oktober vergangenen Jahres [nämlich im Jahre 2015], als er mit dem Friedenspreis des Deutschen Buchhandels ausgezeichnet wurde. Hier war ein Mann, der fest im Glauben stand und aus dieser Festigkeit heraus mit seiner Religion rang. Es war ein doppeltes Bild, das der Schriftsteller Kermani, 48, zeichnete. Da war einmal das Bild eines reichen Islam, der Mystik, des Sufismus. Und da war das Bild eines Islam, der herabgesunken ist »zu einem Vademecum, das man mit der Suchmaschine nach diesem oder jenem Schlagwort abfragt«. Die Folge: »Die Sprachgewalt des Koran wird zum politischen Dynamit«, wie Kermani sagte. Der radikale Islam, auf den sich die Terroristen berufen, braucht die Angst. Er braucht Feindbilder. Er braucht einfache Wahrheiten für komplizierte Zeiten. Der Glaube ist dabei nicht das Problem; es ist der falsch verstandene, der verkürzte, der missbrauchte Glaube.

Der »Islamische Staat« ist eine apokalyptische Sekte. Er rechtfertigt seine Taten aus dem Islam heraus, er benutzt den Koran für seine Zwecke. Der Terror hat insofern mit dem Islam zu tun. Aber nichts mit dem Glauben von Navid Kermani.

In seiner Frankfurter Rede zeichnete Kermani eine Verfallsgeschichte des islamischen Denkens. Er sprach von einem »Niedergang auch und gerade des religiösen Denkens«. Seine Rede war aber auch ein Versprechen: Kritik am Islam ist nicht nur möglich, sie ist das

Wesen des Islam, der sich verändert, so wie er es über viele Jahrhunderte hinweg getan hat.

Islam bedeutet Interpretation. Es gibt oft nicht nur eine Auslegung des Koran, es gibt keine richtige und falsche Lehre. Der Zweifel ist im Islam angelegt. »Der Koran ist eine Schrift zwischen zwei Buchdeckeln, die nicht spricht«, zitierte Kermani Ali, den vierten Kalifen des Islam. »Es sind die Menschen, die mit ihm sprechen.«

Oder wie es der deutsche Islamwissenschaftler Reinhard Schulze, 63, von der Universität Bern formuliert: »Islam ist Plural.«

Für Ashraf El Sharkawy und seine Frau Omnya Ebrahim ist das mehr als ein Satz. Es ist eine Kurzfassung ihres Lebens. Wenn er von seinem Glauben spricht, dann klingt das ruhig und selbstverständlich. »Es war immer klar: Du bist ein Muslim […]. Es war aber auch immer klar: Es gibt viele Wege zu Gott.«

Die Sharkawys leben in Berlin, er ist in Schwaben geboren, sie in Ägypten. Sie sind gläubig, suchen sich aber aus der Tradition und dem zeitgemäßen Verständnis der Religion das heraus, was ihnen einleuchtet und was sie brauchen.

Der Koran ist, wie die Bibel, voll von unklaren und widersprüchlichen Passagen. Der islamische Glaube war fast von Beginn an gespalten zwischen denen, die versuchen, den Koran auch aus seiner Entstehung heraus zu verstehen, und denen, die das ganze Werk als eine heilige Wahrheit ansehen, unveränderlich für alle Zeiten. […]

Omnya Ebrahim, 30, wuchs in einem der ältesten Viertel Kairos auf. Kein Mädchen trug damals ein Kopftuch. Dort lebten auch koptische Christen [Christen, die in Ägypten leben, heißen schon seit der Zeit kurz nach Jesus »Kopten«]. »Wir haben gar nicht gemerkt, dass wir verschieden sind«, sagt sie, »wir haben nie darüber nachgedacht.«

Mitte der Neunziger Jahre fing es dann an. Zuerst war es ihre Tante, die irgendwann nur noch voll verschleiert erschien […]. »Wir haben alles falsch gemacht«, sagte ihre Tante damals, »nun machen wir alles richtig.«

Die Angst trat in Ebrahims Leben. Kam man schon in die Hölle, wenn man sich die Augenbrauen zupfte? Bald trug auch sie ein Kopftuch. […] »Diese Leute haben den Islam auf den Kopf gestellt«, sagt Omnya Ebrahim. »Sie haben die Werte komplett entleert. Es geht doch nicht um Äußerlichkeiten, Schleier oder nicht, es geht darum, wie man mit anderen Menschen umgeht. […] Gläubig ist jeder, der ein gutes Herz hat. Die Beziehung zwischen dem Koran, Gott und mir ist direkt.«

Das ist der Kern ihres Glaubens. Das ist es auch, was Orientalist Schulze als Wesen des liberalen Islam definiert – eine Frömmigkeit, die keine Autorität will und braucht, um die heilige Schrift zu lesen und zu verstehen. […]

Es ist ein wenig wie Luthers Reformationsversprechen: Der Glaube wird unabhängig von jeglicher Autorität, er ist Privatsache und hat keine direkte politische Bedeutung. […]

»Als ich jung war«, sagt Katajun Amirpur, 44, »hat sich keine Sau für den Islam interessiert.« Heute unterrichtet sie als Professorin an der Akademie der Weltreligionen, die 2010 in Hamburg eröffnet wurde. […]

Die Bundesrepublik, meint Amirpur, könnte idealerweise ein »Denkraum« sein, um eine andere Lesart des Islam zu entwickeln. In ihrem Buch »Den Islam neu denken« beschreibt sie, wie sich im späten 19. Jahrhundert Denker wie Jamal ad-Din al-Afghani um eine Wiederbelebung der rationalistischen Strömung im Islam bemühten – richtig gedeutet, so Afghani, »sei der Islam nicht nur vereinbar mit Vernunft und Fortschritt, sondern schreibe sie sogar vor«.

Amirpurs Vater kam 1959 aus Iran nach Deutschland. Ihr Mann Navid Kermani stammt ebenfalls aus einer iranischen Familie. Amirpurs Gott ist ein gnädiger Gott, sagt sie, kein strafender. »Gott ist Gerechtigkeit.«

Sie ist damit ein Gegenpol etwa zur Publizistin Necla Kelek, 58, die den Islam grundsätzlich für rückständig und frauenfeindlich hält. Der Islam sei immun gegen Reformen und deshalb mit Demokratie und Menschenrechten nicht zu vereinen. Der Glaube an Allah, argumentiert sie, schreibe blinden Gehorsam vor. […]

Was bedeutet es also, wenn Salafisten oder andere radikale Muslime sagen, sie wollten zurück zu den Wurzeln des Islam? Was wären genau diese Wurzeln? Kann man das bestimmen bei einem Glauben, der sich über die Jahrhunderte hinweg verändert hat, in Interpretation und Praxis?

Als Erstes, glaubt Amirpur, müsse der »religiöse Analphabetismus« unter Muslimen thematisiert werden. »Es gibt viele, die nicht wissen, dass ihre Religion anders ist«, sagt sie. Nicht patriarchal, nicht frauenfeindlich, nicht aggressiv.

Außerdem gelte es, das Verhältnis zwischen Religion und Gewalt zu klären. Den Satz »Der Terror hat nichts mit dem Islam zu tun« findet sie falsch, weil er eine zu simple Antwort auf eine komplizierte Frage ist. Religion, meint sie, habe ganz allgemein das Potenzial, die Menschen aufzustacheln. »Wenn es einen Anschlag gibt, muss man sich schon mal die grundsätzliche Frage stellen, was schiefgelaufen ist.«

Diez, Georg, Popp, Maximilian: »Gott ist kein Diktator«, in: DER SPIEGEL Nr. 6 (2016), S. 122–127 (gekürzt).

B5 Gottfried Küenzlen: Was ist religiöser Fundamentalismus?

I. Zum Begriff

Der Begriff Fundamentalismus diente ursprünglich als Selbstbezeichnung einer Bewegung, die sich in den 70er Jahren des 19. Jahrhunderts als Zusammenschluss protestantisch-konservativer Gruppen in den USA formierte und sich 1919 zur »World's Christian Fundamentals Association« vereinigte. Von Fundamentalismus ist schriftlich zum ersten Mal die Rede im Titel einer Schriftenreihe, die von 1909–1915 in den USA unter dem Titel »The Fundamentals – A Testimony to the Truth« erschien. Unter Berufung auf die Verbalinspiration[1] und absolute Irrtumslosigkeit der Heiligen Schrift verstanden sich diese nordamerikanisch-protestantischen Fundamentalisten als offensive Gegenbewegung zu Liberalismus[2] und Modernisierung, die auch die protestantisch-christliche Welt ergriffen hatten.

Seit den 80er Jahren erlebte der Begriff eine bedeutende Ausweitung und wurde sozial-, kultur- und religionswissenschaftlich, aber auch publizistisch-feuilletonistisch zur Bezeichnung der unterschiedlichsten religiösen, aber auch allgemeinen politischen und sozialen Strömungen und Bewegungen verwandt. Damit verband sich eine zunehmende Unschärfe des Begriffs, der sich kaum mehr von Bezeichnungen wie Antimodernismus, Fanatismus etc. unterscheiden lässt und sich zudem in Wissenschaft und Publizistik als polemischer Kampfbegriff gegenüber denjenigen Strömungen und Bewegungen verbreitete, die sich dem eigenen liberal-modernistischen Weltbild nicht einfügten.

Um dem Begriff eine wissenschaftlich-diagnostische Bedeutung zu sichern, kommt es darauf an, Fundamentalismus nicht als bloßen Antimodernismus, vielmehr als »modernen Antimodernismus« zu verstehen, d.h. ihn als Erscheinung der Moderne selbst zu begreifen.

II. Religionsgeschichtlich

Fundamentalismus ist eine Ausprägung der Religionsgeschichte in der Moderne. Als »moderner Antimodernismus« entsteht Fundamentalismus als offensive Gegenbewegung zu einer modernitätsbestimmten Transformation der jeweiligen Herkunftsreligion, deren Wahrheit er durch Relativismus[3], Pluralismus[4], Historismus und Autoritätsvernichtung bedroht sieht. So unterschiedlich das Verhältnis von Religion und Moderne sich in den jeweiligen Kulturkontexten darstellt, so lassen sich doch allgemeine Merkmale des religiösen Fundamentalismus nennen, u. a.:

Die Unterscheidung von Religion und Politik ist zugunsten eines unmittelbaren Geltungsanspruchs der religiösen Wahrheit für das politische Handeln aufgehoben. Im Ergebnis führt dies zu theokratischen Vorstellungen[5] einer religiös fundierten societas perfecta[6].

Damit verbindet sich eine dualistische Weltinterpretation, in der […] die Mächte des Lichts und des eigenen Gottes gegen die der Finsternis und des Satans stehen.

Dazu tritt ein bestimmtes Verhältnis zur Heilsgeschichte, nach dem die Gegenwart als religiöse Verfallszeit, die Vergangenheit als idealisierte Zeit des gottgewollten Lebens erscheint und die Zukunft in einen apokalyptischen Horizont gestellt ist.

Küenzlen, Gottfried: Art. Fundamentalismus I und II.1, in: Religion in Geschichte und Gegenwart, Bd. 3. Tübingen [4]2000, Sp. 414 f. (gekürzt; mit ausgeschriebenen Abkürzungen sowie mit Erklärungen versehen).

Gottfried Küenzlen (*1945) ist Theologe und Soziologe und war Professor für Evangelische Theologie an der Universität der Bundeswehr in München.

1 Verbalinspiration: Vorstellung, die Bibel sei wortwörtlich von Gott »diktiert« bzw. Menschen eingegeben worden.

2 Liberalismus: Auffassung, nach der es in allen Lebensbereichen möglichst »liberal«, also »frei« zugehen soll.

3 Relativismus: Auffassung, der zufolge alles »relativ« sei; also im Umkehrschluss nichts von vornherein vorgegeben und gültig sei.

4 Pluralismus: Auffassung, der zufolge man verschiedene, sich widersprechende Weltauffassungen und Einstellungen weder verdammen noch zwingend vereinheitlichen muss, sondern nebeneinanderstehen lassen kann, eben »plural«.

5 Theokratie: Vorstellungen, nach denen die beste Regierungsform die ist, in der Gott (griech. »theos«) regiert, oder zumindest Theologen bzw. Kirchenleute.

6 societas perfecta: lat.: perfekte Gesellschaft.

B6 Seyran Ates, Christoph Markschies: Religion und Toleranz

Seyran Ates, 1963 in Istanbul geboren, lebt seit 1969 in Deutschland. Mit 21 Jahren wurde sie angeschossen und lebensgefährlich verletzt, als sie einer jungen Türkin half. Später wurde sie Rechtsanwältin und kämpfte für die Rechte von Frauen. 2017 gründete sie in den Räumen einer evangelischen Gemeinde in Berlin-Moabit ihre liberale Ibd-Rushd-Goethe-Moschee. Hier ist sie auch Imamin. Damit setzt sie sich heftiger Kritik von fundamentalistischen Muslimen aus. Christoph Markschies, 1962 in Berlin geboren, lehrt Antikes Christentum an der Humboldt-Universität zu Berlin. [...] Er [...] ist Vorsitzender der Kammer für Theologie der Evangelischen Kirche in Deutschland (EKD), die theologische Erklärungen vorbereitet.

Frau Ates, seit wann hatten Sie das Gefühl, dass Ihre liberale Moscheegemeinde ein Erfolg wird?

ATES: Seit 2009, als die Idee geboren wurde [...], damals war ich in der Deutschen Islamkonferenz. Der damalige Bundesinnenminister Wolfgang Schäuble fragte immer wieder: Wo sind eigentlich die liberalen Muslime, warum tun sie nichts? [...]

Sie bekommen Morddrohungen – offensichtlich von Islamisten –, sind von Personenschützern umgeben.

ATES: Aktuell kann man eine solche liberale Moschee nur in der sogenannten westlichen Welt offen praktizieren, wo die Regierungen bereit sind, die Sicherheit dafür zu gewährleisten. Ich bin unendlich dankbar dafür, dass Deutschland mich schützt, damit ich diese Arbeit machen kann. Das hat Salman Rushdie nicht erlebt, und sämtliche Aktivisten in den islamischen Ländern landen eher im Gefängnis oder im Exil. Die große Mehrheit der konservativen Muslime trägt mit ihrer Kritik dazu bei, dass dieser Personenschutz notwendig ist. [...] Sie sehen innerhalb ihrer eigenen Religionsgemeinschaft nicht die Pluralität.

Gibt es in Judentum, Christentum und Islam so etwas wie einen Geburtsfehler – dass die Toleranz dort nicht ausreichend beheimatet ist? Auch die Menschenrechte wurden oft gegen die Kirchen erkämpft!

MARKSCHIES: Das sehe ich anders: Die neuzeitlichen Freiheitsrechte wurden in Europa mal mit den Kirchen, mal gegen sie erkämpft: Die französische Menschenrechtserklärung war zwar schroff gegen die katholische Kirche gerichtet, enthält aber viele christliche Elemente. Die drei genannten Religionen haben in ihren Traditionen Gewaltpotenziale, aber auch Friedenspotenziale. [...] Ich würde deshalb nicht von einem Geburtsfehler der drei Religionen sprechen, sondern von Anwendungsfehlern im Umgang mit ihren Traditionen.

Vertragen sich Wahrheit und Toleranz?

MARKSCHIES: Aber sicher. Sonst wäre es ja keine Toleranz, sondern nur so was wie: »Mach doch, was du willst!« Tolerant ist, wer etwas anderes gelten lässt, um der Wahrheit seiner eigenen Prinzipien willen [...].

ATES: Die Wahrheit! Dieses Wort höre ich fast täglich. Uns als liberalen Muslimen wird immer wieder entgegengeschleudert: Euer Islam ist nicht der wahre Islam. Der Prophet will es anders, Gott will es anders. Diese Kritik wird oft ergänzt um das Bekenntnis »Es gibt keinen Gott außer Gott!« Das verstehen viele als Aufruf zur Intoleranz. [...]

MARKSCHIES: Das Gute ist: Jede dieser Religionen hat in ihrer Theologie auch Elemente, die eigene Wahrheitsansprüche begrenzen. In der Bibel wird deutlich zwischen der Wahrheit Gottes und dem, was Menschen davon wissen können, differenziert. Jesus [...] weist selbsternannte Rechthaber entschieden zurück. In multireligiösen Gesellschaften müssen Menschen mit unterschiedlichen Wahrheiten miteinander leben können, und für eine entsprechende Haltung bietet die Bibel Anhaltspunkte.

ATES: Es muss möglich sein, im Glauben auf der Suche zu sein. Manche Muslime halten aber viele Fragen für entschieden: Eine Frau darf keine Imamin sein. Es wird fünf-, nicht dreimal am Tag gebetet. Zur Begründung kommt dann schon mal der Hinweis: Das haben mir meine Tante, mein Onkel, mein Vater, mein Imam, so beigebracht. [...] In unserer Gemeinde sagen wir niemals: Was wir machen, ist richtig, was die anderen machen, ist falsch.

»Die Wahrheit! Wenn ich das schon höre!«, in: Chrismon 9/2018, S. 24–27 (gekürzt).

Baustein C: Kirche und Religion im säkularen Staat der modernen Gesellschaft

In diesem Baustein geht es darum, das Verständnis des Verhältnisses Kirche – Staat zu fördern. Die Frage nach der Bedeutung von Kirche im persönlichen und gesellschaftlichen Leben wird hier weniger so akzentuiert, dass die Lernenden im ersten Schritt ihre Vorurteile gegen die Kirche abladen dürfen und im zweiten Schritt darüber belehrt werden, die Kirche tue aber doch überraschend viel Gutes im karitativen Bereich. Vielmehr sollen die Lernenden *einerseits* etwas über Verhältnisbestimmungen von Staat und Kirche lernen, und sich *andererseits* mit klassischer und moderner Religions- und Kirchenkritik auseinandersetzen, u. a., weil diese in ihrer Lebenswelt massiv vorkommt. Insofern kann dieser Baustein als erste Fortsetzung des Bausteins B (Religiöser Fundamentalismus) verwendet oder auch »selbstständig« behandelt werden.

Zu *ersterem* Anliegen eignet sich das Interview mit dem früheren Verfassungsrichter Dieter Grimm (C2), in welchem die Begriffe positive und negative Religionsfreiheit eine wichtige Rolle spielen. Insbesondere kritisiert Grimm die (unzutreffende) Vorstellung, negative Religionsfreiheit beinhalte das Recht, von Religion im öffentlichen Raum vollständig unbehelligt zu bleiben – wie es der Grundschullehrer Philipp Möller annimmt (vgl. C8). Inwiefern die Religionsfreiheit im Konflikt mit anderen Grundrechten liegen kann und welche Bedeutung sie in einer multireligiösen Gesellschaft hat, wird in dem Interview mit dem Juristen Horst Dreier (C3) deutlich. Weil die Religionsfreiheit eines von mehreren Grundrechten ist, welche im Grundgesetz ja einen besonderen Status haben, soll in C1 das – für juristische Laien keineswegs selbstverständliche – Verständnis von Grundrechten als Abwehrrechten gegen den Staat gefördert werden. Im Material C4 werden alle vorhergehenden Aspekte integriert, indem der Kirchenjurist Jörg Winter Eigenart und Berechtigung kirchlicher Äußerungen zu gesellschaftlichen Fragen vor dem Hintergrund der Verhältnisbestimmung von Kirche und Staat in Deutschland auslotet.

Zum *zweiten* Anliegen (Religions- und Kirchenkritik) soll exemplarisch Nietzsche behandelt werden. Dabei wird bewusst darauf verzichtet, den berühmten Aphorismus 125 (»Der tolle Mensch«) aus Nietzsches »Fröhlicher Wissenschaft« zu verwenden, weil dieser Text auch überall sonst zu finden ist. Vielmehr werden Textausschnitte aus dem Gesamtwerk Nietzsches dargeboten, die es ermöglichen, seine Religionskritik umfassender zu erarbeiten (C5). Bei einem eher induktiven Vorgehen kann dann der Lexikonartikel von Andreas Kubik (C6) als Sicherung behandelt werden, der die entscheidenden Aspekte von Nietzsches Religionskritik und ihren Auswirkungen darstellt. Bei einem eher deduktiven Verfahren kann man auch umgekehrt vorgehen, also erst den Lexikonartikel behandeln und danach die Nietzsche-Stellen als Belege zuordnen. Über Nietzsche – als *klassischen* Vertreter der Religionskritik – hinaus können die Lernenden sich dann auch mit *zeitgenössischer* Religions- und Kirchenkritik auseinandersetzen, auch wenn diese nicht die gleiche intellektuelle Tiefenschärfe wie Nietzsche erreicht. Aber gerade weil sie in der Lebenswelt der Lernenden so massiv vorkommt und in populistischem Gewand eine suggestive Überzeugungskraft entwickeln kann, sollten die Lernenden sich mit ihr kritisch auseinandersetzen: Der britische Zoologe Richard Dawkins etwa verbreitet (C7) in polemischem Stil und unter völliger Verzerrung dessen, was ein aufgeklärtes Christentum ist, die historisch unzutreffenden Vorstellungen, im Gegensatz zu religiösen Menschen würden Atheisten niemals sakrale Gebäude in die Luft sprengen – als hätte es in der DDR nie Sprengungen von Kirchen gegeben; und Jesus habe seine Predigt der Nächstenliebe streng auf Juden beschränkt – als hätte Jesus nicht bei seiner Bezugnahme auf das alttestamentliche Nächstenliebegebot (Lev 19,18) gerade jedwede zu enge Auslegung kritisiert (Mt 5,43). Der deutsche Grundschullehrer und »Aktivist« Phillip Möller polemisiert (C8) ebenfalls in populistischem Duktus. Er würde demokratisch gewählten Abgeordneten, die dem christlichen Glauben angehören (der Gegenbegriff zu solchen Kreaturen ist bei ihm »Menschen«!), am liebsten das Recht absprechen, im Parlament abzustimmen, hält Glockengeläut für einen Verstoß gegen die negative Religionsfreiheit, möchte (entgegen der Sicherung des Religionsunterrichtes im Grundgesetz, Art. 7) konfessionellen Religionsunterricht abschaffen und polemisiert gegen die Beschneidung.

C 1 Was sind Grundrechte?

In einem berühmten Urteil vom 15.01.1958 (dem sogenannten »Lüth-Urteil«, in dem es um die Meinungsfreiheit ging) hat sich das Bundesverfassungsgericht zum prinzipiellen Charakter von Grundrechten, wie sie sich z. B. in den ersten 16 Artikeln des Grundgesetzes der Bundesrepublik Deutschland finden, geäußert und auch festgestellt, dass die Grundrechte über ihren Charakter als Abwehrrechte gegen den Staat hinaus sogar dem Staat als Leitlinie seines Handelns dienen sollen.

Ohne Zweifel sind die Grundrechte in erster Linie dazu bestimmt, die Freiheitssphäre des einzelnen vor Eingriffen der öffentlichen Gewalt zu sichern; sie sind Abwehrrechte des Bürgers gegen den Staat. Das ergibt sich aus der geistesgeschichtlichen Entwicklung der Grundrechtsidee wie aus den geschichtlichen Vorgängen, die zur Aufnahme von Grundrechten in die Verfassungen der einzelnen Staaten geführt haben. Diesen Sinn haben auch die Grundrechte des Grundgesetzes, das mit der Voranstellung des Grundrechtsabschnitts den Vorrang des Menschen und seiner Würde gegenüber der Macht des Staates betonen wollte. Dem entspricht es, dass der Gesetzgeber den besonderen Rechtsbehelf zur Wahrung dieser Rechte, die Verfassungsbeschwerde, nur gegen Akte der öffentlichen Gewalt gewährt hat. Ebenso richtig ist aber, dass das Grundgesetz, das keine wertneutrale Ordnung sein will […], in seinem Grundrechtsabschnitt auch eine objektive Wertordnung aufgerichtet hat und dass gerade hierin eine prinzipielle Verstärkung der Geltungskraft der Grundrechte zum Ausdruck kommt […].

BVerfG, Beschluss des Ersten Senats vom 15.01.1958– 1 BvR 400/51 – Rn. (1–75), http://www.bverfg.de/e/rs19580115_1bvr040051.html, Abruf am 15.03.2019.

Zum Verständnis von Grundrechten

1. Jemand ist homosexuell. Der Staat sagt: Nein, das ist in unserem Land eklig. Du musst hetero sein. Wenn du dich homosexuell betätigst, kommst du ins Gefängnis.
2. Jemand schreibt eine E-Mail. Der Staat zapft die Leitung an, ein Überprüfer liest die E-Mail.
3. Jemand gründet eine Zeitung. Der Staat sagt: Zeitungen wollen wir nicht, die beschmutzen die Würde des Volkes. Wenn du weiter an der Zeitung arbeitest, kommst du ins Gefängnis.
4. Jemand forscht über die Geschichte einer Partei und entdeckt in einem Archiv einen Text, in dem ein Politiker dieser Partei dafür eintrat, Mörder mit der Todesstrafe zu bestrafen. Der Forscher will den Text in einer wissenschaftlichen Zeitschrift veröffentlichen. Der Staat sagt: Nein, du darfst den Text nicht veröffentlichen und fortan nicht mehr in das Archiv gehen. Forsche über etwas Vernünftiges, sonst kommst du ins Gefängnis.
5. Jemand plant die Gründung einer neuen Partei. Der Staat sagt: Nein, in unserem Land wollen wir keine neue Partei, das ist eine Beleidigung des Volkes. Wenn du eine Partei gründest, kommst du ins Gefängnis.
6. Jemand meldet eine Demonstration an, bei der er sich dafür einsetzen will, dass Homosexuelle die gleichen Rechte wie Heterosexuelle bekommen. Der Staat sagt: Nein, eine solche Demonstration wollen wir nicht. Wenn ihr diese Demonstration wirklich durchführt, kommt ihr ins Gefängnis.
7. Jemand sagt, ich finde die Politik der Kanzlerin unmöglich. Der Staat sagt: Wer die Kanzlerin beleidigt, kommt ins Gefängnis.
8. Jemand geht am Sonntag nicht in die Kirche. Der Staat sagt: In unserem Land glauben wir alle an Gott. Wenn du nochmal nicht hingehst, kommst du ins Gefängnis.
9. Jemand geht am Sonntag in die Kirche. Der Staat sagt: In unserem Land glauben wir nicht an Gott. Wenn du nochmal hingehst, kommst du ins Gefängnis.
10. Jemand malt ein Bild, das den Einsatz von Waffen kritisiert. Der Staat sagt: Solche Bilder wollen wir in unserem Land nicht, das beleidigt die Ehre der Soldaten. Schmeiß es weg, sonst kommst du ins Gefängnis.
11. Jemand wirbt in seinem Blog dafür, dass die Missstände in Bezug auf die Qualität der Straßen in seiner Stadt behoben werden. Der Staat sagt: Lass diese Meckerei, das ist Staatsbeleidigung, sonst kommst du ins Gefängnis.
12. Jemand möchte eine ausländische Frau heiraten. Der Staat sagt: Nein, ein Deutscher soll keine Ausländerin heiraten. Such dir eine andere Frau.
13. Jemand kann es nicht mit seinem Gewissen vereinbaren, zum Dienst an der Waffe (»Wehrdienst«) ausgebildet zu werden und verweigert den Wehrdienst. Der Staat sagt, wer den Wehrdienst verweigert, kommt ins Gefängnis.

© Johannes Kubik

C2 Dieter Grimm: Was ist Religionsfreiheit?

Als Rechtswissenschaftler und als Verfassungsrichter von 1987 bis 1999 hat sich Dieter Grimm (*1937) um die liberale Interpretation des Grundgesetzes verdient gemacht. Der Anlass des folgenden Interviews in der Süddeutschen Zeitung im Mai 2018 war, dass der damalige bayerische Ministerpräsident Markus Söder einen Erlass anordnete, nach welchem ab Juni 2018 in allen Ämtern Bayerns ein Kreuz aufzuhängen sei. Die Ausführungen Grimms haben aber so übergreifenden Charakter, dass sie sich von diesem konkreten Anlass lösen lassen und Allgemeingültigkeit beanspruchen können.

Artikel 4 [des Grundgesetzes] garantiert jedermann Religionsfreiheit. Gemeint ist damit nicht die Freiheit einer bestimmten Religion, sondern Freiheit für alle Religionen. Daraus folgt, dass der Staat in Glaubensfragen nicht Partei ergreifen darf. Vielmehr hat er sich gegenüber den verschiedenen Religionen neutral zu verhalten. […]
Was bedeutet die Religionsfreiheit des Bürgers, wenn er […] im öffentlichen Raum auf religiöse Symbole Andersgläubiger trifft und dies hinnehmen muss, wie etwa Prozessionen oder Minarette?
Religionsfreiheit bedeutet, dass es jedem freisteht, wie er sich zur Religion einstellt. Er kann sich für einen bestimmten Glauben entscheiden, ihn öffentlich bekennen, seinen Riten folgen und sein Leben daran orientieren. Das ist die positive […] Religionsfreiheit. Er kann aber auch das Gegenteil tun, Religion ablehnen, sich Riten verweigern, ihre Gebote nicht befolgen. […] Negative Religionsfreiheit heißt aber nicht, im gesellschaftlichen Leben von den Glaubensbekundungen und Symbolen anderer Religionsgemeinschaften verschont zu bleiben.
Es gibt also kein Recht auf ein religionsneutrales Umfeld, aber wie weit darf die Religionsausübung gehen?
So wie jeder seine religiösen Überzeugungen kundtun darf, muss auch jeder die Glaubensbekundungen anderer hinnehmen. Das eigentliche Problem besteht darin, dass es zur positiven Religionsfreiheit gehört, seinem Glauben entsprechend leben zu dürfen. Damit tritt der Glaube in soziale Bezüge ein, und dort gelten die Schranken des Rechtsstaats. Das Recht nimmt auf den Glauben Rücksicht, aber der Glaube ist keine Entschuldigung für rechtswidriges Verhalten. Wenn es zum Glaubensinhalt einer Religionsgemeinschaft gehört, dass Ungläubige getötet werden dürfen oder Frauen den Männern untertan zu sein haben, dann kann der Staat diesen Glaubensinhalt nicht verbieten, wohl aber dessen Verwirklichung. […]
Die deutsche Verfassung kennt keine vollständige Trennung von Staat und Religion wie zum Beispiel Frankreich. […]
Tatsächlich ist das Verhältnis von Staat und Religion in Europa sehr uneinheitlich. Wir finden Länder, in denen es noch eine Staatskirche gibt, auch wenn daraus wie in Großbritannien heute kaum noch praktische Konsequenzen gezogen werden. Es gibt Länder mit strikter Trennung, in denen sogar der öffentliche Raum allen Religionsbekundungen versperrt ist [gemeint ist z. B. Frankreich]. Deutschland liegt dazwischen, wir haben eine »hinkende« Trennung, was dem Staat gewisse Unterstützungen der Kirchen erlaubt, zum Beispiel beim Einzug der Kirchensteuer – der Hintergrund ist, dass der Staat sich 1803 die Kirchengüter entschädigungslos angeeignet hatte – oder beim Betrieb kirchlicher Krankenhäuser. Aber das kommt nicht nur den christlichen Kirchen zugute, jede Religionsgemeinschaft kann den Status einer Körperschaft des öffentlichen Rechts beantragen und verhältnismäßig einfach auch erlangen. Und das Grundgesetz verlangt auch nicht, wie gesagt, dass das Religiöse aus der Öffentlichkeit verbannt wird, im Gegenteil, der Staat ist verpflichtet, Religionen zu schützen, wenn sie dort von Dritten behindert oder bedroht werden. Das ändert aber nichts daran, dass er neutral zu sein hat und sich mit keiner Religion identifizieren darf. […] Der Staat des Grundgesetzes […] ist säkular, was aber nicht mit antireligiös verwechselt werden darf. Er garantiert die Religionsfreiheit, weil er mit ihr ein menschliches Grundbedürfnis schützt, das er grundsätzlich anerkennt. Aber es ist die Freiheit der Religion, die er anerkennt, nicht eine bestimmte Religion in Abgrenzung zu anderen Religionen.
[…] Als Bayern vor Jahren in seiner Volksschulordnung die Schulkreuze anordnete, spielte die Auseinandersetzung mit dem Islam noch keine Rolle. Heute, wo Teile des Islam politischer und aggressiver auftre-

ten als vor der […] Wende von 1989/90 und Muslime den größten Teil der Zuwanderer stellen, ist das anders. Religionsdifferenzen gehören zu den stärksten Integrationshindernissen. Je weltanschaulich diversifizierter die Gesellschaft wird, desto wichtiger ist es freilich, dass der Staat in Glaubenssachen nicht Position bezieht. Nur so kann er glaubwürdig für sich beanspruchen, friedliche Koexistenz zu fördern. Einseitige Identifizierungen mit einer Religion und damit gleichzeitig Ausgrenzungen anderer Religionen erschweren diese Aufgabe, statt sie zu erleichtern.

Im Januar 2018 entfernte ein bayerischer Richter das Kreuz aus dem Gerichtssaal in einem Prozess gegen einen mutmaßlichen Islamisten – auch das zu Recht?

Ja, natürlich. Im Gerichtssaal wird staatliches Recht angewandt, und zwar auf jeden in gleicher Weise, ohne Rücksicht auf seine Haltung zur Religion. Deswegen sendet ein Kreuz im Gerichtssaal in einer religiös pluralen Gesellschaft das falsche Signal aus.

»So verstehe ich das Grundgesetz«. Interview mit Dieter Grimm, in: Süddeutsche Zeitung vom 17.05. 2018, S. 13 (gekürzt).

C3 Horst Dreier: Religionsfreiheit im Konflikt

Horst Dreier (*1954) ist Rechtsphilosoph und Professor für Staats- und Verwaltungsrecht an der Universität Würzburg. Er beschäftigt sich seit Jahren mit dem Verhältnis von Staat und Religion in Deutschland.

Einer Umfrage zufolge sagen 63 Prozent der Bevölkerung, Deutschland sei ein »christliches Land«. Häufig wird auf das Christentum als kulturprägend hingewiesen. Und viele Menschen wollen, dass das so bleibt. Lassen sich Religionen vor dem Grundgesetz unterscheiden nach solchen, die zur Kultur passen, und solchen, die das nicht tun?

Das Christentum hat in Bayern, in Deutschland, in ganz Europa und auch außerhalb davon eine zentrale Rolle gespielt, was die kulturelle, gesellschaftliche und sogar rechtliche Prägung von Staat und Gesellschaft angeht. Das ist völlig klar. Vom Islam lässt sich das nicht sagen. Aber aus diesem historischen Gewordensein kann man keinen Vorrang des Christentums für das hier und heute geltende Recht folgern. Die Religionsfreiheit gilt eben für alle Religionen. Deswegen bietet das deutsche Grundgesetz auch keine Handhabe gegen den Bau von Moscheen.

Wenn sich Gruppen auf Grundrechte berufen, dabei aber mit anderen Grundrechten in Konflikt geraten, was dann? Es gibt zum Beispiel das Recht auf körperliche Unversehrtheit. Andererseits soll die Religionsfreiheit beinhalten, dass die Beschneidung von unmündigen Kindern aus religiösen Gründen legal ist.

Grundrechte sind im Kern Individualrechte, nicht Gruppenrechte. Und es ist nicht der Ausnahmefall, sondern die Regel, dass Grundrechte miteinander kollidieren: Etwa, wenn die Pressefreiheit in einen Konflikt mit dem Persönlichkeitsrecht eines Prominenten tritt. Hier muss eine Grenze gezogen werden. Schon Kant hat ja gesagt, dass die Freiheit des einen mit der Freiheit jedes anderen nach einem allgemeinen Gesetz bestehen muss. Also kann die Freiheit des Einzelnen nur unter Berücksichtigung der Freiheit aller gewährleistet werden. Der Fall der Beschneidung ist nun aus offensichtlichen Gründen ganz besonders heikel. Hier spielt einerseits neben der Religionsfreiheit auch noch das elterliche Erziehungsrecht eine Rolle. Vor allem aber hat dieser Akt identitätsstiftende Bedeutung für die Angehörigen des Judentums. Der Gesetzgeber hat hier eine Regelung getroffen – es handelt sich um § 1631d des Bürgerlichen Gesetzbuches –, die man akzeptieren oder kritisieren kann. Aber unabhängig von diesem konkreten und schwierigen Fall: Stets muss versucht werden, zwischen den verschiedenen betroffenen Grundrechtspositionen einen schonenden, angemessenen Ausgleich zu finden. Das bedeutet aber nicht, dass das eine Grundrecht prinzipiell höher steht als das andere. Es gibt keine fixe Hierarchie der Grundrechte.

»Was macht der Bezug auf Gott im Grundgesetz?« Interview mit Horst Dreier, SZ online 11.05.2018 (gekürzt) (https://www.sueddeutsche.de/politik/gott-und-staat-vor-dem-grundgesetz-sind-alle-religionen-und-weltanschauungen-gleich-1.3970418–2, Abruf am 14.02.2019).

C4 Jörg Winter: Aufgaben und Grenzen kirchlicher Äußerungen zur Gesellschaft

Das Grundgesetz der Bundesrepublik Deutschland hat in seinem Artikel 140 einen Artikel aus der Weimarer Reichsverfassung übernommen, der kurz und klar feststellt: »Es gibt keine Staatskirche.« Für die evangelische Kirche, die über Jahrhunderte hinweg eng mit dem monarchischen Staat verbunden war, war das Jahr 1918 ein tiefer Einschnitt, und sie hat sich schwer damit getan, zum neuen demokratischen Staat der Weimarer Republik ein positives Verhältnis zu finden.

Heute sind die Trennung von Staat und Kirche sowie die weltanschauliche Neutralität des Staates als Grundlage eines pluralistischen Staatswesens, das sich zur umfassenden Gewährleistung der Religionsfreiheit für alle seine Bürger verpflichtet weiß, auch von den Kirchen vorbehaltlos anerkannt. Was aber folgt daraus für die Frage nach den Aufgaben und Grenzen kirchlicher Äußerungen zu gesellschaftspolitischen Fragen?

Dietrich Bonhoeffer hat in seinem berühmten Aufsatz »Die Kirche vor der Judenfrage« im April 1933 hervorgehoben, dass es nicht Aufgabe der Kirche sein könne, *unmittelbar* selbst politisch zu handeln und in die Verantwortlichkeit staatlichen Handelns einzugreifen. Aber, so fährt Bonhoeffer fort, »*das bedeutet nicht, dass sie teilnahmslos das politische Handeln an sich vorüberziehen lässt; sondern sie kann und soll, gerade weil sie nicht im einzelnen Fall moralisiert, den Staat immer danach fragen, ob sein Handeln von ihm als legitim staatliches Handeln verantwortet werden könne, das heißt als Handeln, in dem Recht und Ordnung, nicht Rechtlosigkeit und Unordnung geschaffen werden.*«

Bonhoeffer sieht drei Möglichkeiten der Kirche, ihre politische Verantwortung gegenüber dem Staat wahrzunehmen, nämlich

1. die an den Staat gerichtete Frage nach dem legitim staatlichen Charakter seines Handelns, das heißt die Verantwortlichmachung des Staates für das, was er tut oder unterlässt,
2. den Dienst an den Opfern des Staatshandelns, denn die Kirche ist den Opfern jeder Gesellschaftsordnung in unbedingter Weise verpflichtet, auch wenn sie nicht der christlichen Gemeinde zugehören, und
3. nicht nur die Opfer unter dem Rad zu verbinden, sondern dem Rad selbst in die Speichen zu fallen.

Die dritte Möglichkeit wäre ein unmittelbar politisches Handeln der Kirche, das Bonhoeffer nur dann für möglich und gefordert ansieht, »*wenn die Kirche den Staat in seiner Recht und Ordnung schaffenden Funktion versagen sieht, das heißt, wenn sie den Staat hemmungslos ein Zuviel oder Zuwenig an Ordnung und Recht verwirklichen sieht. In beiden muss sie dann die Existenz des Staates und damit auch ihre eigene Existenz bedroht sehen.*«

Über die Notwendigkeit des unmittelbar politischen Handelns der Kirche in diesem Sinne ist nach Auffassung Bonhoeffers jeweils von einem »evangelischen Konzil« zu entscheiden und kann nie vorher kasuistisch konstruiert werden. Dahinter verbirgt sich letztlich das Problem, ob und unter welchen Voraussetzungen es ein Recht auf Widerstand gibt, das hier nicht vertieft werden kann.

Die Befürchtung, die Kirche könnte das Prinzip der Trennung von Staat und Kirche in Frage stellen und ziele darauf ab, sich an die Stelle des Staates zu setzen oder wolle die Politik klerikal bevormunden, ist jedenfalls heute ganz unbegründet. Gleichwohl ist es keine Grenzüberschreitung, wenn sich die Christen und die Kirche auch zu politischen Fragen zu Wort melden, denn: »*Christliche Existenz ohne politische Relevanz*« gibt es nicht. (Aufgaben und Grenzen kirchlicher Äußerungen zu gesellschaftlichen Fragen, Eine Denkschrift der Kammer für soziale Ordnung der Evangelischen Kirche in Deutschland, 3. Aufl., Gütersloh 1970)

Es kann sie schon deshalb nicht geben, weil gerade auch das Schweigen zu gesellschaftlichen Entwicklungen, das Wegsehen und einfach Geschehenlassen, nicht ohne politische Auswirkungen bleibt, wie gerade auch die Erfahrungen aus der Zeit des Nationalsozialismus zeigen. Mehr noch als durch ihr Reden und Handeln kann sich die Kirche in Schuld verstricken durch das, was sie nicht zur rechten Zeit sagt und was sie unterlässt zu tun, wenn es notwendig ist.

So wie unsere Väter und Mütter für die Juden 1933 rechtzeitig hätten schreien müssen, wie es Bonhoeffer eingefordert hat, so stehen wir heute vor der Frage, was wir als Christen und als Kirche unterlassen haben, dass das Gedankengut des Rassismus wieder um sich greifen kann, dass Ausländer in Deutschland nicht mehr sicher leben können, dass wir zu Lasten unserer Umwelt wirtschaften und die Gewährleistung der Freiheitsrechte in unserer Gesellschaft mehr und mehr an Substanz verliert. Ob wir es wollen oder nicht, ob es uns selbst oder den Politikern nun passt oder nicht, wir sind durch diese Themen auch in der Bewährung unseres christlichen Glaubens herausgefordert und können uns nicht in die Nische privater Frömmigkeit zurückziehen oder abdrängen lassen, weil es Konflikte erspart und für alle Beteiligten der bequemere Weg ist.

Wenn die Christen und ihre Kirchen sich in politische Diskussionen einmischen und ihre Auffassung dazu zu Gehör bringen, dann tun sie das nicht als Außenstehende, die mit dem Anspruch der höheren moralischen Autorität andere kritisieren und bevormunden, sondern sie leisten damit einen Beitrag zum politischen Diskurs in einem pluralistischen Staatswesen, das vor allem auch auf solche gesellschaftlichen Kräfte angewiesen ist, die sich dabei nicht primär von unmittelbar eigenen Interessen leiten lassen.

Für die evangelische Kirche ist von vornherein klar, dass sie in solchen Fragen nicht etwa die Autorität eines unfehlbaren Lehramtes für sich in Anspruch nimmt, das sie selbst in unmittelbaren Fragen des Glaubens nicht kennt. Auch die Kirche ist mit allem, was sie sagt, darauf angewiesen, dass sie mit ihren Argumenten überzeugen kann; und sie kann ihre Ziele nur durchsetzen, wenn es ihr gelingt, den demokratischen Willensbildungsprozess entsprechend zu beeinflussen und die erforderlichen Mehrheiten zu gewinnen.

Ihr dieses Recht mit dem Argument zu verweigern, politische Entscheidungen dürften wegen der Neutralitätspflicht des Staates nicht religiös motiviert sein, wäre nicht nur eine Behinderung des Prozesses der demokratischen Willensbildung, sondern ein klarer Verstoß gegen die Gewährleistung der Religionsfreiheit, die auch und gerade diese öffentliche Dimension einschließt.

Wenn die Kirche im Konzert der pluralistischen Meinungen auf den Prozess der politischen Willensbildung wirksam Einfluss nehmen will, dann setzt das freilich voraus, dass sie über die notwendige Kompetenz verfügt. Der frühere Oberkirchenrat im Kirchenamt der EKD, Tilmann Winkler, hat fünf Aspekte benannt, die diese Kompetenz ausmachen, nämlich:
- Geistliche Vollmacht,
- Glaubwürdigkeit,
- Sachkundigkeit,
- Weisheit und
- Zuständigkeit.

Kirchliche Äußerungen müssen ihre Wirkung verfehlen und werfen zu Recht die Frage nach ihrer inneren Legitimität auf, wenn sie sich in einem dieser Punkte als defizitär erweisen. Was die Vollmacht der Kirche angeht, sind mit den Begriffen Friede, Gerechtigkeit und Bewahrung der Schöpfung im Wesentlichen die Themenkreise benannt, die einen besonderen Bezug zu ihrem geistlichen Auftrag aufweisen.

Entgegen einem vielfach anzutreffenden Missverständnis ist es unbedingt notwendig, diesen Zusammenhang herzustellen. Die Auffassung, dass sich die Kirche ja ruhig zu politischen Fragen äußern könne, ihre Meinung aber bitte schön nicht vom Evangelium her begründen möge, verkennt, dass die Kirche überhaupt nur dann mit Vollmacht reden kann, wenn sie dies auf Grund einer Motivation des Glaubens tut. Kann sie das nicht deutlich machen, bleiben ihre Äußerungen eine Stimme unter vielen, ohne Profil und Gewicht.

Ein häufiger Einwand dagegen besteht darin, dass allen, die eine andere Meinung vertreten, damit abgesprochen werde, gute Christen zu sein. Dieser Einwand trifft deshalb nicht zu, weil er Sache und Person miteinander verwechselt. Er verschiebt die mögliche und nötige Auseinandersetzung in einer Sachfrage auf die Ebene einer Beurteilung der Person, die eine bestimmte Auffassung vertritt, also auf ein Thema, dass im Normalfall gar nicht zur Debatte steht. […]

Woher also nimmt die Kirche das Recht, sich in solchen Fragen einzumischen, von denen sie selbst gar nicht unmittelbar betroffen ist? Den Grund dafür hat bereits Dietrich Bonhoeffer in seinem zitierten Aufsatz über die Kirche vor der Judenfrage genannt, die Tatsache nämlich, dass sich die Kirche den Opfern jeder Gesellschaftsordnung in unbedingter Weise verpflichtet weiß. […]

Gerade eine Gesellschaft und ein Staat, die die Achtung der Menschenwürde zu ihrem obersten Ziel erklärt haben und die sich den Prinzipien der Freiheit und der Demokratie verpflichtet wissen, wären schlecht beraten, auf diesen Dienst der Christen und ihrer Kirchen zu verzichten.

Winter, Jörg: Christliche Existenz und politische Relevanz. Aufgaben und Grenzen kirchlicher Äußerungen zu gesellschaftlichen Fragen, in: Evangelische Aspekte 2/2008, S. 32–36 (gekürzt).

Jörg Winter (*1944) ist Honorarprofessor für Staatskirchen- und Kirchenrecht an der Universität Heidelberg und Lehrbeauftragter der Universität Freiburg.

C5 Religions- und Kirchenkritik bei Friedrich Nietzsche

Neben Feuerbach, Marx und Freud ist Nietzsche der vierte »klassische« Religionskritiker des 19. Jahrhunderts. Nietzsches Religionskritik ist die subtilste und weitreichendste. Sein Ausgangspunkt ist der sehr komplexe Lebensbegriff, zu dessen Verständnis auch der Begriff »Wille zur Macht« wichtig ist: Leben will nach Nietzsche »mächtig« sein, also sich entwickeln und steigern, und nicht »schwach« sein. Seine Religionskritik beschränkt sich aber nicht etwa auf triviale Behauptungen der Art, es gebe keinen Gott, also sei Religion falsch. Vielmehr erhebt Nietzsche einerseits konkrete Vorwürfe gegen die Religion, die häufig von seinem Lebensbegriff ausgehen. Der Prototyp der Religion ist für ihn der »Priester«. Andererseits kann Nietzsche eine bestimmte Spielart von Religion sogar gutheißen, wenn die Religion sich eben nicht gegen das »Leben« stellt.

Menschliches, Allzumenschliches (1878–1880), Aphorismus 108

Wenn uns ein Übel trifft, so kann man entweder so über dasselbe hinwegkommen, dass man seine Ursache hebt, oder so, dass man die Wirkung, welche es auf unsere Empfindungen hat, verändert: Also durch ein Umdeuten des Übels in ein Gut, dessen Nutzen vielleicht erst später ersichtlich sein wird. Religion und Kunst […] bemühen sich, auf die Änderung der Empfindung zu wirken, teils durch Änderung unseres Urteils über die Erlebnisse (zum Beispiel mit Hilfe des Satzes »wen Gott lieb hat, den züchtigt er«), teils durch Erweckung einer Lust am Schmerz. […] Je mehr einer dazu neigt, umzudeuten und zurechtzulegen, umso weniger wird er die Ursachen des Übels ins Auge fassen und beseitigen; die augenblickliche Milderung und Narkotisierung, wie sie zum Beispiel bei Zahnschmerz gebräuchlich ist, genügt ihm auch in ernsterem Leiden. Je mehr die Herrschaft der Religionen und aller Kunst der Narkose abnimmt, um so strenger fassen die Menschen die wirkliche Beseitigung der Übel ins Auge: Was freilich schlimm für die Tragödiendichter ausfällt […], noch schlimmer aber für die Priester: denn diese lebten bisher von der Narkotisierung menschlicher Übel.

Nietzsche, Friedrich: Menschliches, Allzumenschliches. München 1994, S. 83.

Jenseits von Gut und Böse (1886), Aphorismus 62

Es gibt bei dem Menschen wie bei jeder andern Tierart einen Überschuss von Missratenen, Kranken, Entartenden, Gebrechlichen, notwendig Leidenden; die gelungenen Fälle sind auch beim Menschen immer die Ausnahme […]. Wie verhalten sich nun die genannten beiden größten Religionen [*gemeint: Christentum und Buddhismus*] zu diesem Überschuss der misslungenen Fälle? Sie suchen zu erhalten, im Leben festzuhalten, was sich nur irgend halten lässt, ja sie nehmen grundsätzlich für sie Partei, als Religionen *für Leidende*, sie geben allen denen recht, welche am Leben wie an einer Krankheit leiden, und möchten es durchsetzen, dass jede andre Empfindung des Lebens als falsch gelte und unmöglich werde. […] Und doch, wenn sie den Leidenden Trost, den Unterdrückten und Verzweifelten Mut, den Unselbständigen einen Stab und Halt gaben […]: was mussten sie außerdem tun, um mit gutem Gewissen dergestalt grundsätzlich an der Erhaltung alles Kranken und Leidenden, das heißt in Tat und Wahrheit an der *Verschlechterung der europäischen Rasse* zu arbeiten? Alle Wertschätzungen *auf den Kopf* stellen – *das* mussten sie! Und die Starken zerbrechen, die großen Hoffnungen ankränkeln, das Glück in der Schönheit verdächtigen, alles Selbstherrliche, Männliche, Erobernde, Herrschsüchtige, alle Instinkte, welche dem höchsten und wohlgeratensten Typus »Mensch« zu eigen sind, in Unsicherheit, Gewissens-Not, Selbstzerstörung umknicken, ja die ganze Liebe zum Irdischen und zur Herrschaft über die Erde in Hass gegen die Erde und das Irdische verkehren – *das* stellte sich die Kirche zur Aufgabe […].

Nietzsche, Friedrich: Jenseits von Gut und Böse. München 1994, S. 59–61.

Zur Genealogie der Moral (1887), Aphorismus III.25

Man sehe sich die Zeiten eines Volkes an, in denen der Gelehrte in den Vordergrund tritt: es sind Zeiten der Ermüdung, oft des Abends, des Niederganges – die überströmende Kraft, die Lebens-Gewissheit, die *Zukunfts-Gewissheit* sind dahin. Das Übergewicht des Mandarinen bedeutet niemals etwas Gutes: so wenig als die Heraufkunft der Demokratie, der Friedens-Schiedsgerichte an Stelle der Kriege, der Frauen-Gleichberechtigung, der Religion des Mitleids und was es sonst alles für Symptome des absinkenden Lebens gibt. […]

Ist nicht gerade die Selbstverkleinerung des Menschen, sein *Wille* zur Selbstverkleinerung seit Kopernikus in einem unaufhaltsamen Fortschritte? Ach, der Glaube an seine Würde, Einzigkeit, Unersetzlichkeit in der Rangabfolge der Wesen ist dahin – er ist *Tier* geworden, […] er, der in seinem früheren Glauben *[gemeint ist die griechische Antike]* beinahe Gott (»Kind Gottes«, »Gottmensch«) war …

Nietzsche, Friedrich: Zur Genealogie der Moral. München 1994, S. 140 f.

Ecco homo (geschrieben 1888, veröffentlicht 1908), Warum ich ein Schicksal bin, Aphorismus 8

Der Begriff »Gott« erfunden als Gegensatz-Begriff zum Leben – in ihm alles Schädliche, Vergiftende, Verleumderische, die ganze Todfeindschaft gegen das Leben in eine entsetzliche Einheit gebracht! Der Begriff »Jenseits«, »wahre Welt« erfunden, um die *einzige* Welt zu entwerten, die es gibt […]. Der Begriff »Seele«, »Geist«, zuletzt gar noch »unsterbliche Seele«, erfunden, um den Leib zu verachten, um ihn krank – »heilig« – zu machen […]! Statt der Gesundheit das »Heil der Seele« […]! Der Begriff »Sünde« erfunden samt dem zugehörigen Folter-Instrument, dem Begriff »freier Wille«, um die Instinkte zu verwirren, um das Misstrauen gegen die Instinkte zur zweiten Natur zu machen! Im Begriff des »Selbstlosen«, des »Sich-selbst-Verleugnenden« das eigentliche *décadence*-Abzeichen, das *Gelockt*werden vom Schädlichen, das Seinen-Nutzen-nicht-mehr-finden-*Können*, die Selbst-Zerstörung zum Wertzeichen überhaupt gemacht, zur »Pflicht«, zur »Heiligkeit«, zum »Göttlichen« im Menschen! Endlich – es ist das Furchtbarste – im Begriff des *guten* Menschen die Partei alles Schwachen, Kranken, Missratnen, An-sich-selber-Leidenden genommen, alles dessen, *was zugrunde gehn soll* –, das Gesetz der *Selektion* gekreuzt, ein Ideal aus dem Widerspruch gegen den stolzen und wohlgeratenen, gegen den jasagenden, gegen den zukunftsgewissen, zukunftverbürgenden Menschen gemacht – dieser heißt nunmehr der *Böse* … Und das Alles wurde geglaubt *als Moral! – Ecrasez l'infâme! – –*

Nietzsche, Friedrich: Der Antichrist. Ecco homo. Dionysos-Dithyramben. München 1994, S. 11 f.

Der Antichrist (geschrieben 1888, veröffentlicht 1894), Aphorismus 2

Was ist gut? – Alles, was das Gefühl der Macht, den Willen zur Macht, die Machst selbst im Menschen erhöht.
Was ist schlecht? – Alles, was aus der Schwäche stammt.
Was ist Glück? – Das Gefühl davon, dass die Macht *wächst* – dass ein Widerstand überwunden wird.
Nicht Zufriedenheit, sondern mehr Macht; *nicht* Friede überhaupt, sondern Krieg […].
Die Schwachen und Missratenen sollen zugrunde gehen: erster Satz *unsrer* Menschenliebe. Und man soll ihnen noch dazu helfen.
Was ist schändlicher als irgendein Laster? – Das Mitleiden der Tat mit allen Missratenen und Schwachen – das Christentum …

Nietzsche, Friedrich: Der Antichrist. Ecco homo. Dionysos-Dithyramben. München 1994, S. 25.

Der Antichrist (geschrieben 1888, veröffentlicht 1894), Aphorismus 18

Der christliche Gottesbegriff – Gott als Krankengott, Gott als Spinne, Gott als Geist – ist einer der korruptesten Gottesbegriffe, die auf Erden erreicht worden sind; er stellt vielleicht selbst den Pegel des Tiefstands in der absinkenden Entwicklung des Götter-Typus dar. Gott zum *Widerspruch des Lebens* abgeartet, statt dessen Verklärung und ewiges *Ja* zu sein! In Gott dem Leben, der Natur, dem Willen zum Leben die Feindschaft angesagt! Gott die Formel für jede Verleumdung des »Diesseits«, für jede Lüge vom »Jenseits«! In Gott das Nichts vergöttlicht, der Wille zum Nichts heilig gesprochen! …

Nietzsche, Friedrich: Der Antichrist. Ecco homo. Dionysos-Dithyramben. München 1994, S. 192 f.

C6 Andreas Kubik: Die Religionskritik Friedrich Nietzsches

Friedrich Nietzsche wurde am 15.10.1844 als Sohn eines protestantischen Pfarrers geboren. Noch vor Ende seines Studiums wurde er 1869 Professor für Altphilologie in Basel; aufgrund psychosomatischer Beschwerden legte er 1879 sein Amt nieder. Er lebte von nun an als Pensionär und freier Schriftsteller und war bis 1889 meist auf Reisen in der Schweiz und Italien. […]

Nietzsche gehört zu den ›klassischen‹ Gestalten der Religions- und Ideologiekritik des 19. Jahrhunderts. Sein Beitrag ist ein doppelter: (1) als *Diagnostiker* der Krise des Christentums […], (2) als *Kritiker* im engeren Sinne des Wortes: Methodisch arbeitet er dabei mit historischen und psychologischen Mitteln. Religion kann Nietzsche zufolge nach Entstehung und Inhalt restlos auf außerreligiöse Motive zurückgeführt werden. Die religiösen und moralischen Begriffe und Empfindungen erweisen sich als […] »Umdeutungen« basaler Affekte und Instinkte […]. Diagnose und Kritik zusammen veranlassen ihn, den »Tod Gottes« zu proklamieren: das theoretische und kulturelle Scheitern der christlichen Lebensauffassung. Beschreibt Nietzsche jenes »Umdeuten« zunächst immer als ein *Miss*deuten, präzisiert er später […] seine Meinung: Menschen haben zu ihren Affekten nur einen vermittelten Zugang, deshalb sei es unumgänglich, sie auszulegen. Diese Einsicht führt aber zu einer Verschärfung seiner *Christentumskritik:* Das Christentum sei in seinen Deutungen zutiefst lebensfeindlich, wobei Nietzsche unter »Leben«, seinem philosophisch zentralen und wirkmächtigsten Begriff, den »Willen zur Macht«, also auf Steigerung, Bereicherung und Überwindung von Widerständen hin angelegtes Leben, versteht. So ächte die Lehre von der Sünde alle lebendigen Triebe, beinhalte das christliche Paradies (ebenso wie das buddhistische Nirvana) einen willkürlichen Abbruch der Steigerung des Lebens wie den Hass auf die Gegenwart. Nach dem Zusammenbruch der christlich geprägten […] Werte erweist sich für Nietzsche, dass das Christentum durch die »Entwertung aller natürlichen Werte« den Nihilismus hervorgebracht hat. Einerseits bejaht Nietzsche diesen, insofern er den wahren Charakter des Christentums (und seiner Säkularisate wie Demokratie, Sozialismus, Liberalismus, welche die gleiche Tendenz auf Nivellierung und Verflachung des Lebens hätten) enthülle. Andererseits ist das Ziel seiner ›positiven‹ Philosophie die Überwindung des Nihilismus durch die »Umwertung aller Werte«, das Schaffen neuer, dem ›Machtcharakter‹ des Lebens gemäßer Sinnmöglichkeiten und Deutungsmuster. Dieses Ziel hat er vor allem in seinem Prosagedicht *Also sprach Zarathustra* (1883–1885) vor Augen gestellt. Literarisch sucht dieses Werk die Gattung ›Evangelium‹ zugleich zu überbieten und zu parodieren. Inhaltlich verkündet der *Zarathustra* den »Übermenschen«. Dieser symbolisiert das Menschentum, welches sein Leben fortwährend über den momentanen Zustand hinaus steigern möchte und übernimmt insofern einen Teil des ausgemusterten Gottesgedankens. […]

Nietzsche brach im Januar 1889 in Turin zusammen und lebte seitdem in geistiger Umnachtung bei seiner Mutter. Er starb am 25.8.1900 und hat seine beispiellose Wirkungsgeschichte, die ab den 1890er Jahren massiv einsetzte, nicht mehr bewusst erlebt. Nietzsche wurde zum »Märtyrer und Propheten« (J. Krause) einer ganzen Generation. Bis heute haben zahlreiche Intellektuelle angegeben, ihm ihr geistiges Befreiungserlebnis zu verdanken. Gelegentlich kam es um sein Andenken herum zu förmlichen religiösen Vereinigungen. […]

Die Nietzsche-Rezeption durch die *Nationalsozialisten* stellt zwar sachlich wie sprachlich eine Verkürzung dar, ist allerdings nicht ohne Anhalt in den Texten (vieldeutiger Machtbegriff; unkritische Verwendung rassistischer Stereotype und Metaphern). […] Die prominenteste Interpretation lieferte A. Baeumler. Er reduziert den prinzipiellen ideologiekritischen Impetus Nietzsches (der sich auch gegen ›deutsche‹ Ideologien richten konnte) auf eine Kritik am Bürgertum, etikettiert seine konstruktiven Grundgedanken als »germanisch« und verengt den Machtbegriff politisch. Dermaßen zurechtgestutzt, stand einem Nietzsche-Verständnis als Protofaschisten nichts mehr im Wege, was seine Nachkriegsrezeption lange behinderte.

Kubik, Andreas: Art. Nietzsche, Friedrich, in: Metzler Lexikon Religion, Bd. 2. Stuttgart 1999, S. 560–562 (gekürzt).

Andreas Kubik (*1973) ist Professor für Religionspädagogik an der Universität Osnabrück.

C7 Richard Dawkins: Der Gotteswahn

Das Gottesbild des AT
Der Gott des Alten Testaments ist [...] die unangenehmste Gestalt in der gesamten Literatur: Er ist eifersüchtig und auch noch stolz darauf; ein kleinlicher, ungerechter, nachtragender Überwachungsfanatiker; ein
5 rachsüchtiger, blutrünstiger, ethnischer Säuberer; ein frauenfeindlicher, homophober, rassistischer, Kinder und Völker mordender [...] launisch-boshafter Tyrann.

Die Bibel als Quelle ethischer Weisungen
Die Bibel ist in großen Teilen nicht systematisch böse, sondern einfach nur grotesk. [...] Doch leider halten
10 uns religiöse Eiferer genau dieses seltsame Buch als unfehlbare Quelle für Ethik und Lebensregeln unter die Nase. Wer seine Moral wirklich auf den Wortlaut der Bibel gründen will, hat sie entweder nicht gelesen oder nicht verstanden [...].
15 Nach meiner Überzeugung gibt es auf der ganzen Welt keinen einzigen Atheisten, der Mekka – oder Chartres, York Minster, Notre Dame, die Shwedagon-Pagode, die Tempel von Kyoto [...] – mit dem Bulldozer platt machen würde. Der amerikanische Physik-
20 Nobelpreisträger Steven Weinberg sagte einmal: »Religion ist eine Beleidigung für die Menschenwürde. Mit ihr oder ohne sie gibt es gute Menschen, die gute Dinge tun und böse Menschen, die böse Dinge tun. Aber damit gute Menschen böse Dinge tun, braucht
25 es die Religion.« [...] Ich wollte nachweisen, dass wir (und das schließt die meisten religiösen Menschen ein) unsere Moral in Wirklichkeit nicht aus der Bibel beziehen. Wäre das der Fall, würden wir uns streng an den Sabbat halten und es für gerecht und richtig halten, je-
30 den hinzurichten, der dies nicht tut. Wir würden jede Braut steinigen, wenn ihr Ehemann sich unzufrieden mit ihr zeigt und wenn sie nicht beweisen kann, dass sie noch Jungfrau war. Wir würden ungehorsame Kinder töten. [...] Vielleicht war ich unfair. Nette Christen
35 hätten vielleicht schon gegen diesen ganzen Abschnitt protestiert: Dass das Alte Testament ziemlich unangenehm ist, weiß schließlich jeder. Aber das Neue Testament und Jesus – sie bessern den Schaden aus und bringen alles in Ordnung. Ist es nicht so?

Ist das Neue Testament wirklich besser?
Eines ist nicht zu leugnen: Aus ethischer Sicht ist Jesus 40
gegenüber dem grausamen Ungeheuer aus dem Alten Testament ein großer Fortschritt. Wenn Jesus wirklich existiert hat, war er [...] sicher einer der großen ethischen Neuerer der Geschichte. Die Bergpredigt ist ihrer Zeit weit voraus. [...] Aber die ethische Überlegenheit 45
Jesu macht besonders deutlich, worum es mir geht. Jesus gab sich nicht damit zufrieden, seine Ethik aus den Schriften zu beziehen, mit denen er aufgewachsen war. Er distanzierte sich ausdrücklich von ihnen, zum Beispiel als er aus den düsteren Drohungen für die Verletzung 50
des Sabbats die Luft herausließ. »Der Sabbat wurde für die Menschen gemacht und nicht die Menschen für den Sabbat« [Anspielung auf Mk 2,27] wurde ganz allgemein zu einem klugen Sprichwort. Da es eine Hauptthese [...] ist, dass wir unsere Moral nicht aus der Heiligen Schrift 55
beziehen und auch nicht beziehen sollten, muss Jesus als Beispiel für genau diese These gewürdigt werden. [...]

Die Ethik der Bibel ist eine Gruppenmoral
Christen machen sich nur in den seltensten Fällen klar, dass viele der moralischen Vorgaben, die sowohl im Alten als auch im Neuen Testament vertreten werden, ur- 60
sprünglich nur für eine eng begrenzte Gruppe gedacht waren. »Liebe deinen Nächsten« bedeutete nicht, was wir heute darunter verstehen. Es hieß nur »Liebe einen anderen Juden.« [...] Die Kehrseite [...]: die Gruppenfeindseligkeit. [...] Jesus beschränkte seine Gruppe der Erret- 65
teten streng auf die Juden; in dieser Hinsicht stand er in der alttestamentlichen Tradition – eine andere kannte er nicht. [...] »Du sollst nicht töten« [sollte] ursprünglich nicht das bedeuten, was es für uns heute aussagt. Es hieß vielmehr ganz gezielt: Du sollst keine Juden töten. 70
Jesus war ein Anhänger der gleichen Gruppenmoral – in Verbindung mit Feindseligkeit gegenüber Außenstehenden –, die im Alten Testament als selbstverständlich vorausgesetzt wird. Jesus war ein loyaler Jude. Die Idee, den jüdischen Gott auch den Ungläubi- 75
gen nahe zu bringen, wurde erst von Paulus erfunden.

Dawkins, Richard: Der Gotteswahn. Berlin ¹²2013, S. 45 (gekürzt), 327 f. (gekürzt), 345–347 (gekürzt), 351–353 (gekürzt), 357 (gekürzt).

Richard Dawkins (*1941) ist ein britischer Zoologe und theoretischer Biologe. Er ist ein prominenter Religionskritiker.

C8 Philipp Möller: »Kirchenrepublik«

Philipp Möller ist Aktivist und Autor, der sich für die Abschaffung von Sonderrechten für Religionsgemeinschaften einsetzt. Im Interview geht er nicht nur mit den Kirchen hart ins Gericht. [...] Er war das öffentliche Gesicht
5 *der Säkularen Buskampagne, die vor einigen Jahren den Glauben an einen Gott werbewirksam infrage gestellt hat. [...] Im Gespräch [...] zeigt er auf, wie »Religionsfreiheit« missbraucht wird und erklärt konfessionellen Religionsunterricht für verfassungswidrig.*

10 **Herr Möller, gönnen Sie den Menschen ihren Glauben nicht?**
PHILIPP MÖLLER: Ich gönne jedem alles, solange damit die Rechte und Interessen anderer nicht eingeschränkt oder verletzt werden. Ich persönlich bin
15 gottlos glücklich, und so geht es auch 79 Prozent der 180.000 Deutschen zwischen 18 und 34 Jahren, die im Rahmen der repräsentativen Studie »Generation What« befragt wurden. Wenig überraschend ist daher, dass gerade mal 17 Prozent dieser Befragten Vertrauen in
20 religiöse Institutionen haben – und genau diese Institutionen kritisiere ich, weil sie Religion als Weltanschauungsbetrug betreiben. Sie versprechen den Menschen, zumeist im Kindesalter, das Blaue vom Himmel und sichern mit diesem sehr erprobten System ihren Ein-
25 fluss in die Politik und ihre massiven Privilegien.
Ist die Religionsfreiheit, auf die sich Religiöse dabei berufen, nicht aus guten Gründen durch das Grundgesetz geschützt?
Aber sicher, und auch ich setze mich vehement für
30 die Religionsfreiheit ein. Die beinhaltet aber eben auch das Recht, frei von Religion sein zu dürfen – ein Recht, dass in der Aufklärung erbittert gegen Kirchenfürsten erkämpft werden musste! Fairer fände ich es allerdings, von »Weltanschauungsfreiheit« zu sprechen, denn es
35 gibt schließlich nicht nur religiöse Weltanschauungen, die übernatürliche Wunder wie die Jungfrauengeburt oder die Wiederauferstehung benötigen. [...]
Wo spüre ich denn - mal von den Steuergeldern abgesehen - den Einfluss religiöser Institutionen?
40 Abgesehen von der religiösen Ruhestörung durch Glockengeläut zu allen möglichen und unmöglichen Tageszeiten spüren Sie diesen Einfluss in vielen staatlichen Institutionen: in deutschen Gerichten, wenn es etwa um die Legalität der religiös motivierten aber
45 medizinisch unnötigen Genitalbeschneidung geht; in Krankenhäusern, wenn dank religiös motivierter Gesetze die PID nicht durchgeführt werden kann, worunter zahlreiche Frauen mit unerfülltem Kinderwunsch ganz real und heftig leiden; und in Hospizen, wenn Ärz-
50 te sterbenskranken Patienten die letzte Hilfe verweigern müssen, weil christliche Politiker die Sterbehilfe kriminalisiert und uns Menschen damit das Recht auf Selbstbestimmung am Lebensende faktisch unmöglich gemacht haben.
55 Aber das vielleicht präsenteste und sehr greifbare Beispiel dafür ist der konfessionelle Religionsunterricht an staatlichen Schulen – das einzige Fach übrigens, das per Grundgesetz zum ordentlichen Lehrfach erklärt werden muss. In solch eine Verlegenheit käme
60 der Deutsch- oder Matheunterricht wohl kaum [...]. In einer tatsächlich säkularen Bundesrepublik [...] würden Kinder in einem säkularen Ethikunterricht [...] alle Informationen über die Vielfalt der Weltanschauungen erhalten, sodass sie sich ab Erreichen der Re-
65 ligionsmündigkeit selbstbestimmt dafür entscheiden können, welche Weltanschauung für sie die plausibelste ist. Dass sich dabei kaum noch jemand für die Himmel-Hölle-Variante entscheiden würde, ist natürlich auch den Kirchen klar, und somit setzen sie all ihren politi-
70 schen Einfluss dazu ein, im Religionsunterricht weiterhin ungestörten Zugriff auf die intellektuell eher wehrlosen Gehirne kleiner Kinder zu haben. [...]
Die Mehrheit der Menschen scheint an den bestehenden Verhältnissen nichts ändern zu wollen. Woran liegt das Ihrer Meinung nach?
75
Ich würde sagen: die Mehrheit der Menschen ist gezielt schlecht oder gar falsch informiert – aber das ändert sich rasant. Dank der Arbeit meiner um Transparenz bemühten Kollegen [...] wird der Öffentlichkeit immer deutlicher, dass Religionsführer sie nicht nur
80 spirituell, sondern auch ganz reell betrogen haben.

Interview von Arzu Dagci (Aktualisiert am 24. Oktober 2017) (https://web.de/magazine/wissen/philipp-moeller-interview-religionsfreiheit-arbeitsrecht-schamlos-ausgenutzt-32563416, Abruf am 15.03.2019).

Baustein D: Die Bibel mit Vernunft lesen anhand von Jesusgeschichten

In diesem Baustein geht es darum, ein grundlegendes Verständnis von einem aufgeklärten Umgang mit der Heiligen Schrift zu erarbeiten. Die meisten Lernenden stellen sich darunter etwas vor in der Art, die Bibel »nicht so wörtlich« oder »nicht so streng« zu verstehen. Dass es sich um mehr handelt, das allererst erarbeitet und in Begriffe gefasst werden muss, ist oft mühsam (aber völlig unverzichtbar) zu vermitteln.

Dabei sollen zwei Engführungen vermieden werden: Erstens wäre es eine Engführung, wenn man die Lernenden durch sämtliche Schritte der historisch-kritischen Methode jagt. Denn sie ist viel zu komplex und enthält auch Schritte, die im schulischen Unterricht schlicht nicht durchführbar sind, entweder, weil sie zu viel Vorkenntnisse voraussetzen (z. B. die Formgeschichte oder auch der religionsvergleichende Blick in die Umwelt des NT) oder aber weil sie eigentlich nur in der Originalsprache durchführbar wären (z. B. Textkritik). Was hingegen schulisch gut realisierbar ist, sind Literarkritik und Redaktionskritik.

Die zweite zu vermeidende Engführung bestünde darin, den Lernenden eine Liste mit einer Unzahl an Auslegungsmethoden vorzulegen, von der feministischen über die marxistische bis zur befreiungstheologischen und vielen mehr, ohne dass die Lernenden dann aber auch wirklich selber *Erfahrungen* mit diesen Auslegungsmethoden machen würden.

Der in diesem Band favorisierte didaktische Ansatz besteht darin, in einem ersten Schritt erst einmal ganz grundsätzliche hermeneutische Überlegungen anzustellen. Dazu wird zuerst der ironische Brief an die konservative amerikanische Radioreporterin Laura Schlessinger gegeben (D1). Darin nimmt er ihren kleingläubigen Buchstabenglauben und ihr Wettern z. B. gegen Homosexualität aufs Korn, indem er etwa Stellen aus 3. Mose anführt und zeigt, wie absurd es wird, wenn man diese Stellen »wörtlich« nehmen wollte. Dieser Text kann helfen bei der Erarbeitung der hermeneutischen Einsicht, dass alle Texte, auch Bibeltexte, immer in einer konkreten Zeit entstanden sind und die jeweiligen Vorstellungen dieser Zeit häufig unbesehen »mitschleppen« (auch Paulus z. B. war der Auffassung, Frauen sollten sich die Haare kurz schneiden usw.). Mit dem – anspruchsvolleren – Text Rudolf Bultmanns (D2) wird das klassische Programm der »Entmythologisierung« vorgestellt. Die folgenden Materialien D3 bis D5 stellen diejenigen Elemente der historisch-kritischen Methode vor, die man im schulischen Unterricht gut erarbeiten kann: Mithilfe des Schaubildes in D3 können die Lernenden mit etwas Hilfe der Lehrkraft einige Elemente der Zweiquellentheorie schon selber erarbeiten, durch D4 wird sie dann vollständig hergeleitet. Mithilfe der Theologischen Intentionen der Synoptiker (D5) können die Lernenden an exemplarischen synoptischen Texten Redaktionskritik selber durchführen und die Intentionen der Evangelisten nachweisen. Vorschläge zu geeigneten Texten finden sich in den Aufgaben zu D5. Die theologisch so grundlegende Frage nach dem historischen Jesus wird in dem Text von Udo Schnelle (D6) thematisiert.

Um nicht bei der historisch-kritischen Methode stehen zu bleiben, soll noch eine (nicht mehrere, s. o.) weitere Methode erarbeitet werden, mit der die Lernenden dann aber auch wirklich Erfahrungen machen sollen, und zwar die tiefenpsychologische Auslegung, deren Vorstellung D7 dient. Denn sie dockt mit der Thematisierung archetypischer Symbole durchaus an Erfahrungshorizonte der Jugendlichen an (als Hinführung kann auch E1 verwendet werden). D8 bietet ein Beispiel für eine durchgeführte tiefenpsychologische Exegese von Eugen Drewermann am Beispiel der Geschichte der Tochter des Jairus (Mk 5,35–43).

Anschließend sollen die Lernenden auch selber einmal versuchen, eine tiefenpsychologische Auslegung zu schreiben. Es kann sehr beeindruckend sein, wie weit die Lernenden dabei kommen, wenn man eine wichtige methodische Grundregel beachtet, nämlich, dass die Lernenden *vor* der Lektüre des jeweiligen Bibeltextes zuerst selber ihre Assoziationen zu den Symbolen in dem jeweiligen Text notieren müssen, wozu D9 und D10 anleiten.

Insofern kann dieser Baustein als zweite Fortsetzung des Bausteins B (Religiöser Fundamentalismus) verwendet oder auch »selbstständig« behandelt werden.

Querbezüge zum möglichen Unterthema »Bibel und Sexualität« bieten die Materialien F6, F7 und F8.

D 1   Es steht geschrieben – Gottes Wille?

Laura Schlessinger ist eine US-Radiomoderatorin. Sie erteilt Leuten, die in ihrer Show anrufen, Ratschläge. Kürzlich sagte sie als achtsame Christin, dass Homosexualität unter keinen Umständen befürwortet werden kann, da diese nach Levitcus 18,22 ein Gräuel sei. Im Internet verbreitete ein Hörer einen offenen Brief dazu [...].

Liebe Dr. Laura,
vielen Dank, dass Sie sich so aufopfernd bemühen, den Menschen die Gesetze Gottes näher zu bringen. Ich habe einiges durch Ihre Sendung gelernt und versuche das Wissen mit so vielen anderen wie nur möglich zu teilen. Wenn etwa jemand versucht seinen homosexuellen Lebenswandel zu verteidigen, erinnere ich ihn einfach an das Buch Leviticus 18:22, wo klargestellt wird, dass es sich dabei um ein Gräuel handelt. Ende der Debatte. Ich benötige allerdings ein paar Ratschläge von Ihnen im Hinblick auf einige der speziellen Gesetze und wie sie zu befolgen sind

a) Wenn ich am Altar einen Stier als Brandopfer darbiete, weiß ich, dass dies für den Herrn einen lieblichen Geruch erzeugt (Lev. 1:9). Das Problem sind meine Nachbarn. Sie behaupten, der Geruch sei nicht lieblich für sie. Soll ich sie niederstrecken?

b) Ich würde gerne meine Tochter in die Sklaverei verkaufen, wie es in Exodus 21:7 erlaubt wird. Was wäre Ihrer Meinung nach heutzutage ein angemessener Preis für sie?

c) Ich weiß, dass ich mit keiner Frau in Kontakt treten darf, wenn sie sich im Zustand ihrer menstrualen Unreinheit befindet (Lev. 15:19–24). Das Problem ist, wie kann ich das wissen? Ich hab versucht zu fragen, aber die meisten Frauen reagieren darauf pikiert.

d) Lev. 25:44 stellt fest, dass ich Sklaven besitzen darf, sowohl männliche als auch weibliche, wenn ich sie von benachbarten Nationen erwerbe. Einer meiner Freunde meint, das würde auf Mexikaner zutreffen, aber nicht auf Kanadier. Können Sie das klären? Warum darf ich keine Kanadier besitzen?

e) Ich habe einen Nachbarn, der stets am Samstag arbeitet. Exodus 35:2 stellt deutlich fest, dass er getötet werden muss. Allerdings: bin ich moralisch verpflichtet ihn eigenhändig zu töten?

f) Ein Freund von mir meint, obwohl das Essen von Schalentieren, wie Muscheln oder Hummer, ein Gräuel darstellt (Lev. 11:10), sei es ein geringeres Gräuel als Homosexualität. Ich stimme dem nicht zu. Könnten Sie das klarstellen?

g) In Lev. 21:20 wird dargelegt, dass ich mich dem Altar Gottes nicht nähern darf, wenn meine Augen von einer Krankheit befallen sind. Ich muss zugeben, dass ich eine Lesebrille trage. Muss meine Sehkraft perfekt sein oder gibt's hier ein wenig Spielraum?

h) Die meisten meiner männlichen Freunde lassen sich ihre Haupt- und Barthaare schneiden, inklusive der Haare ihrer Schläfen, obwohl das eindeutig durch Lev. 19:27 verboten wird. Wie sollen sie sterben? [...]

j) Mein Onkel hat einen Bauernhof. Er verstößt gegen Lev. 19:19, weil er zwei verschiedene Saaten auf ein und demselben Feld anpflanzt. Darüber hinaus trägt seine Frau Kleider, die aus zwei verschiedenen Stoffen gemacht sind (Baumwolle/Polyester). Er flucht und lästert außerdem recht oft. Ist es wirklich notwendig, dass wir den ganzen Aufwand betreiben, das komplette Dorf zusammen zu holen, um sie zu steinigen (Lev. 24:10–16)? Genügt es nicht, wenn wir sie in einer kleinen, familiären Zeremonie verbrennen, wie man es ja auch mit Leuten macht, die mit ihren Schwiegermüttern schlafen (Lev. 20:14)? [...]

Und vielen Dank nochmals dafür, dass Sie uns daran erinnern, dass Gottes Wort ewig und unabänderlich ist. Ihr ergebener Jünger und bewundernder Fan, Thomas.

http://www.unendlichgeliebt.de/2013/07/04/brief-an-laura/, Zugriff am 20.06.2019
Übersetzt von Harald Havas

D2 Rudolf Bultmann: Neues Testament und Entmythologisierung

Rudolf Bultmann (1884–1976) ist einer der bedeutendsten evangelischen Theologen des 20. Jahrhunderts. Er war Professor für Neues Testament in Marburg und versuchte, die Existenzialphilosophie des Philosophen Martin Heidegger für die Theologie fruchtbar zu machen. Sein Text von 1941, der hier in Ausschnitten gegeben wird, löste nach dem Krieg eine große Debatte in der Evangelischen Kirche und Theologie aus.

Das Weltbild des Neuen Testaments ist ein mythisches. Die Welt gilt als in drei Stockwerke gegliedert. In der Mitte befindet sich die Erde, über ihr der Himmel, unter ihr die Unterwelt. Der Himmel ist die Wohnung Gottes und der himmlischen Gestalten, der Engel; die Unterwelt ist die Hölle, der Ort der Qual. Aber auch die Erde ist nicht nur die Stätte des natürlich-alltäglichen Geschehens, der Vorsorge und Arbeit, die mit Ordnung und Regel rechnet; sondern sie ist auch der Schauplatz des Wirkens übernatürlicher Mächte, Gottes und seiner Engel, des Satans und seiner Dämonen. In das natürliche Geschehen und in das Denken, Wollen und Handeln des Menschen greifen die übernatürlichen Mächte ein; Wunder sind nichts Seltenes. Der Mensch ist seiner selbst nicht mächtig; Dämonen können ihn besitzen; der Satan kann ihm böse Gedanken eingeben; aber auch Gott kann sein Denken und Wollen lenken. […]

Dem mythischen Weltbild entspricht die Darstellung des Heilsgeschehens, das den eigentlichen Inhalt der neutestamentlichen Verkündigung bildet. In mythologischer Sprache redet die Verkündigung: Jetzt ist die Endzeit gekommen; »als die Zeit erfüllt war«, sandte Gott seinen Sohn. Dieser, ein präexistentes Gottwesen, erscheint auf Erden als ein Mensch; sein Tod am Kreuz, den er wie ein Sünder erleidet, schafft Sühne für die Sünden der Menschen. Seine Auferstehung ist der Beginn der kosmischen Katastrophe […].

Das alles ist mythologische Rede, und die einzelnen Motive lassen sich leicht auf die zeitgeschichtliche Mythologie der jüdischen Apokalyptik […] zurückführen. Sofern es nun mythologische Rede ist, ist es *für den Menschen von heute unglaubhaft,* weil für ihn das mythische Weltbild vergangen ist. Die heutige christliche Verkündigung steht also vor der Frage, ob sie, wenn sie vom Menschen Glauben fordert, ihm zumutet, das vergangene mythische Weltbild anzuerkennen. Wenn das unmöglich ist, so entsteht für sie die Frage, ob die Verkündigung des Neuen Testaments eine Wahrheit hat, die vom mythischen Weltbild unabhängig ist; und es wäre dann die Aufgabe der Theologie, die christliche Verkündigung zu entmythologisieren.

Kann die christliche Verkündigung dem Menschen heute zumuten, *das mythische Weltbild als wahr anzuerkennen? Das ist sinnlos und unmöglich. Sinnlos;* denn das mythische Weltbild ist als solches gar nichts spezifisch Christliches, sondern es ist einfach das Weltbild einer vergangenen Zeit, das noch nicht durch wissenschaftliches Denken geformt ist. *Unmöglich;* denn ein Weltbild kann man sich nicht durch einen Entschluss aneignen, sondern es ist dem Menschen mit seiner geschichtlichen Situation je schon gegeben. […]

Welchen Sinn hat es, heute zu bekennen: »niedergefahren zur Hölle« oder »aufgefahren gen Himmel«, wenn der Bekennende das diesen Formulierungen zugrunde liegende mythische Weltbild von den drei Stockwerken nicht teilt? Ehrlich bekannt werden können solche Sätze nur, wenn es möglich ist, ihre Wahrheit von der mythologischen Vorstellung, in die sie gefasst ist, zu entkleiden – falls es eine solche Wahrheit gibt. Denn das eben ist theologisch zu fragen. Kein erwachsener Mensch stellt sich Gott als ein oben im Himmel vorhandenes Wesen vor; ja, den »Himmel« im alten Sinne gibt es für uns gar nicht mehr. Und ebenso wenig gibt es die Hölle, die mythische Unterwelt […]. Erledigt sind damit die Geschichten von der Himmel- und Höllenfahrt Christi; erledigt ist die Erwartung des mit den Wolken des Himmels kommenden »Menschensohnes« und des Entrafftwerdens der Gläubigen in die Luft, ihm entgegen (1.Thess 4,15 ff.). […]

Man kann nicht elektrisches Licht und Radioapparat benutzen, in Krankheitsfällen moderne medizinische und klinische Mittel in Anspruch nehmen und gleichzeitig an die Geister- und Wunderwelt des Neuen Testaments glauben.

Bultmann, Rudolf: Neues Testament und Mythologie. Das Problem der Entmythologisierung der neutestamentlichen Verkündigung. Nachdruck der 1941 erschienenen Fassung, hg. v. E. Jüngel. München ³1988, S. 12–16 (gekürzt).

D3 Der quantitative Umfang der synoptischen Evangelien

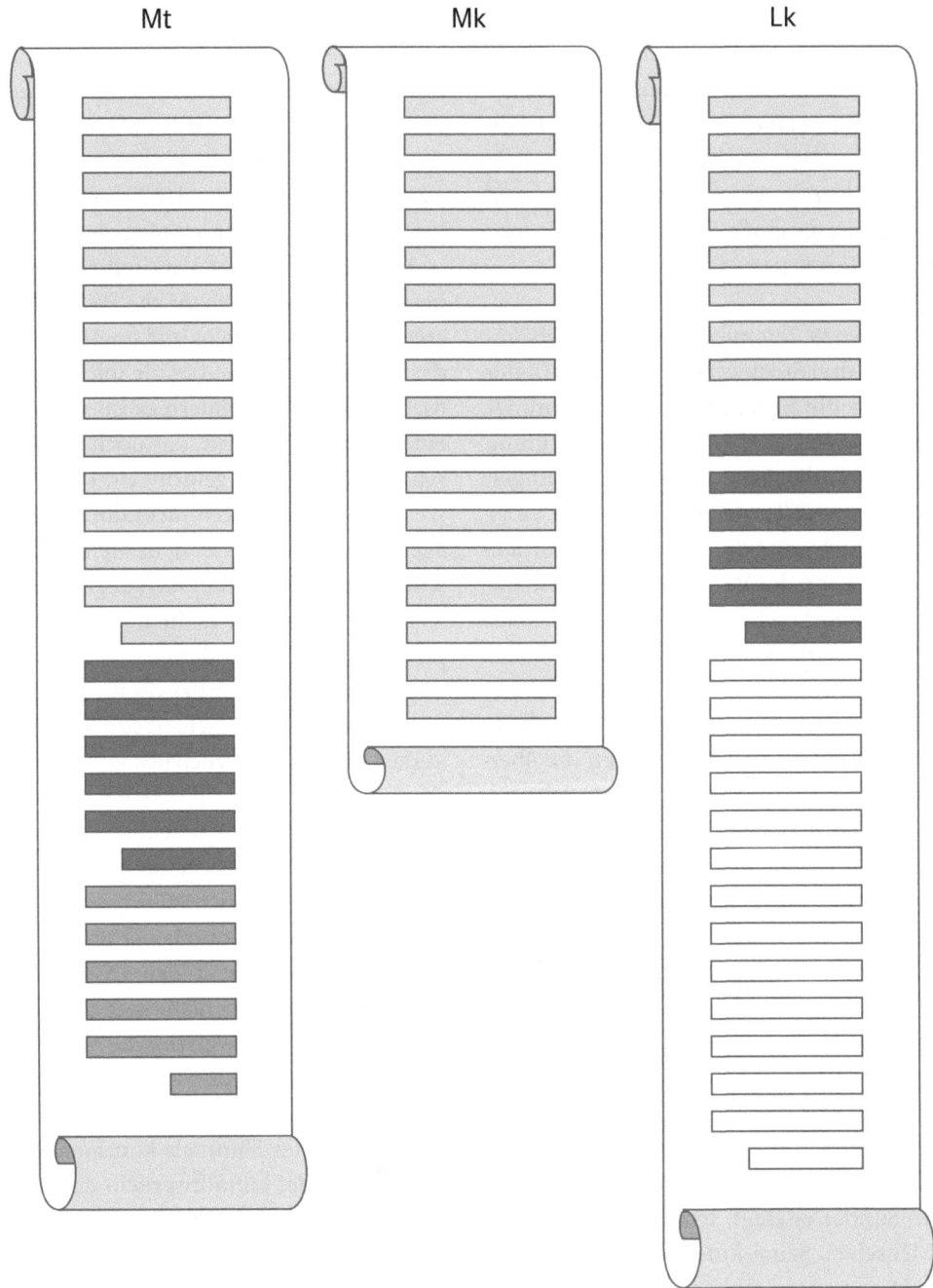

Abgebildet ist der quantitative Umfang der drei synoptischen Evangelien.

Dabei haben die Schattierungen verschiedene Bedeutungen:

- Texte, die bei Mt, Mk und Lk vorkommen und wörtlich oder nahezu wörtlich identisch sind
- Texte, die bei Mt und Lk (aber nicht bei Mk) vorkommen und wörtlich oder nahezu wörtlich identisch sind
- Texte, die sich nur bei Mt (und weder bei Mk noch bei Lk) finden
- Texte, die sich nur bei Lk (und weder bei Mk noch bei Mt) finden

42 | Baustein D: Die Bibel mit Vernunft lesen anhand von Jesusgeschichten

D4 Die literarische Abhängigkeit der synoptischen Evangelien

Die drei ersten Evangelien im NT [Matthäus, Markus und Lukas] bezeichnet man […] als »synoptische«, weil sie offensichtlich eng miteinander verwandt sind und jedenfalls »zusammengesehen« werden müssen.
5 Es ist eine Aufgabe der *Literarkritik,* zu klären, ob und wie diese drei Evangelien *literarisch* miteinander zusammenhängen. […]

Die drei synoptischen Evangelien haben trotz ihrer Ähnlichkeit eine ganz unterschiedliche Länge:
10 Mk umfasst […] etwa 11200 Worte, Mt bereits mehr als 18200, Lk schließlich umfasst über 19400 Worte. Nimmt man aufgrund der unbestreitbar vorhandenen Textähnlichkeiten an, diese Evangelien müssten in irgendeiner Weise literarisch miteinander verwandt
15 sein, stellt sich von selbst die Frage, ob sie auf eine gemeinsame schriftliche Quelle zurückgehen können […], wofür die Übereinstimmungen im Gesamtaufbau, aber auch wörtliche Parallelen in den Einzeltexten sprechen würden. Es ließe sich aber kaum erklären,
20 warum Mk so viel weniger Material enthält als Mt und Lk: Hat Markus einiges gestrichen, z. B. die ganze Bergpredigt? Oder verfügten Matthäus und Lukas in erheblichem Umfang über zusätzliches Material – und wenn ja, woher kam es? Tatsächlich ist es von vornherein
25 sehr viel wahrscheinlicher, dass Lukas und Matthäus mehr Quellen kannten als Markus. Denn ein Grund, weshalb Markus ihm bekanntes Material in so erheblichem Umfang nicht übernommen haben sollte, ist nicht zu erkennen; jedenfalls erklärt die entgegenge-
30 setzte Annahme den Befund leichter: Die Übereinstimmungen zwischen Mk, Mt und Lk gehen darauf zurück, dass das kürzeste Evangelium, also Mk, die Grundlage für Mt und Lk bildete; Matthäus und Lukas nahmen in stilistischer und auch in theologischer Hin-
35 sicht einige Veränderungen des Mk-Stoffes vor und fügten weiteres Material – aus schriftlichen Quellen oder auch aus mündlicher Überlieferung – ergänzend hinzu. […]

Die Vermutung, dass Mk die Priorität zukommt und
40 dass Mt und Lk es als Vorlage bzw. Quelle benutzt haben, wird durch einen Vergleich des Gesamtaufbaus der Evangelien erhärtet (instruktiv ist hier schon ein Blick in das Inhaltsverzeichnis einer Synopse). […]

Übereinstimmungen zwischen Mt und Lk bestehen auch dort, wo eine Mk-Parallele, d.h. eine Mk-Vorlage, 45 fehlt. Wie ist dies zu erklären, wenn die Feststellung, Mt und Lk seien literarisch voneinander unabhängig, Gültigkeit behalten soll? […] Die einfachste Erklärung dieses Befundes ist die Annahme, dass es eine gemeinsame Quelle gab, die von Mt und von Lk unabhängig 50 voneinander benutzt wurde, wobei sie sich jedoch nicht immer an die dort gegebene Reihenfolge der einzelnen Textabschnitte hielten. Diese neben Mk zweite Quelle, die als *Logienquelle* (mit dem Sigel Q) bezeichnet wird, lässt sich nur hypothetisch erschließen, eine entspre- 55 chende handschriftliche Überlieferung existiert nicht.

Conzelmann, Hans, Lindemann, Andreas: Arbeitsbuch zum Neuen Testament. Tübingen [14]2004, S. 66–77 (gekürzt).

Hans Conzelmann (1915–1989) war Professor für Neues Testament u. a. in Göttingen. Andreas Lindemann (*1943) war Professor für Neues Testament in Bielefeld.

Neben Texten, die aus Markus oder Q stammen, überliefern Matthäus und Lukas umfangreiches »Sondergut«, d.h. Perikopen, die nur bei Matthäus oder Lukas vorhanden sind. [Darunter sind z. B.: 60
Mt 20,1–15: Die Arbeiter im Weinberg
Lk 10,39–37: Der barmherzige Samariter
Lk 15,11–32: Der verlorene Sohn
Lk 18,9–14: Vom Pharisäer und Zöllner
Lk 24,13–35: Die Emmausjünger] 65
Über die Herkunft des Sondergutes sind keine sicheren Angaben möglich […]; ein größerer Teil stammt aber aus der dem jeweiligen Evangelisten zugänglichen mündlichen Tradition.

Schnelle, Udo: Einführung in die neutestamentliche Exegese. Göttingen [8]2014, S. 91–93 (gekürzt).

Udo Schnelle (*1952) war Professor für Neues Testament in Halle/Saale.

D 5 Lukas Bormann: Theologische Intentionen der Synoptiker

Markus

Das Markusevangelium rückt das Handeln und die Verkündigung Jesu vielfach in den Bereich des Geheimnisvollen. Es entsteht eine Spannung zwischen verborgenen und offenbaren Zügen des Wesens und des Handelns Jesu, zwischen verständlicher und deutungsbedürftiger Verkündigung. Dieser Eindruck wird durch einige Ergänzungen im Text und durch die Verstärkung bereits vorhandener Ausdrucksformen des Geheimnisvollen erreicht. […]

Schweigegebot

Von Anfang an gebietet Jesus im Zusammenhang von Heilungen das Schweigen. […] In 1,34 wird […] erwähnt, Jesus »ließ die Dämonen nicht reden, weil sie ihn kannten«, noch deutlicher in 3,11 f.: »Und wenn die unreinen Geister ihn sahen, fielen sie vor ihm nieder und schrien und sprachen: Du bist der Sohn Gottes. Und er bedrohte sie sehr, dass sie ihn nicht offenbar machten.« […] Das Schweigegebot richtet sich gegen die Bekanntmachung der besonderen Macht Jesu und seiner Stellung als Sohn Gottes. […]

Jüngerunverständnis

Die Jünger haben im Markusevangelium eine besondere Bedeutung. […] Als Einzelpersonen treten Judas, »der ihn verriet« (Mk 3,19), und Petrus besonders hervor. Oftmals ist aber einfach nur von »den Jüngern« die Rede. Sie werden nicht idealisiert – im Gegenteil: Markus stellt ihre Defizite besonders heraus. Man nennt dieses Motiv »Jüngerunverständnis«: In 4,13 wirft Jesus den Jüngern vor, dass sie das Gleichnis vom Sämann nicht verstehen (vgl. 7,17 f.); in 4,40 kritisiert er, dass sie keinen Glauben haben […]. Besonders im Zusammenhang der Passionsgeschichte versag[t] neben Judas auch Petrus, der Jesus dreimal verleugnet (14,29–31 und 14,66–72) […]. Im Gegensatz zu den Jüngern bleiben die *Frauen bei der Kreuzigung* in der Nähe, können die Grablegung beobachten und machen sich am Morgen nach dem Sabbat auf den Weg zum Grab (15,40 f., 16,8).

Leidensankündigungen

[…] Der Sohn Gottes wird nicht angenommen, sondern abgelehnt. Die Ablehnung ist aber Teil seiner Sendung, deswegen sollen seine Gleichnisse unverstanden bleiben, sollen die Dämonen und Geheilten schweigen und selbst die Jünger erkennen seine Sendung nicht. Am deutlichsten wird dieser Widerspruch in den drei so genannten *Leidensankündigungen* formuliert […]. Jesus ist der Sohn Gottes, der als leidender Menschensohn und Messias (Christus) in Niedrigkeit kommt. Das ist sein Geheimnis, das Messiasgeheimnis […].

Passion

Die Passionsgeschichte ist der Höhepunkt und das Ziel des Markusevangeliums. Zwischen Einzug und Auferstehung liegen sieben Tage. Jesus bewährt sich nach dem Vorbild von Jes 52,13–53,12 und Ps 22 als der leidende Gerechte, der ohne eigene Schuld für die anderen stirbt. Am Kreuz wird er als Sohn Gottes erkannt (15,39), weil erst im Sterben für die Menschen seine Sendung vollkommen ist. […]

Lukas

Lukas übernimmt von Markus das Grundgerüst der Evangelienerzählung (von Galiläa nach Jerusalem). Er folgt auch in der Reihenfolge der Stoffe weitgehend dem Markusevangelium. […]

Der Verfasser des Lukasevangeliums legt großen Wert auf einen plausiblen Erzählstil. Man sieht das sehr gut an den aus Mk übernommenen Texten. Diese werden meist durch eine Einleitung besser an den Kontext angepasst (z. B. Mk 2,1–4/Lk 5,17 f.).

[…] Lukas setzt die synoptische Überlieferung durch Datierungen in *Beziehung zur Weltgeschichte*. In 3,1 benennt er das Jahr des öffentlichen Auftretens Jesu im Stil antiker Datierungen nach den Herrschaftsjahren des römischen Kaisers: »Im fünfzehnten Jahr der Herrschaft des Kaisers Tiberius«. […] Im Prolog stellt der Verfasser des Lukasevangeliums die Absicht seiner literarischen Tätigkeit dar. Da nur wenige neutestamentliche Texte die Verschriftlichung der ältesten Überlieferung reflektieren, haben diese wenigen Zeilen große Bedeutung […]. Sein Ziel ist die »Zuverlässigkeit« [1,4] […].

Jesus ist für Lukas von Anfang an der Christus und der »Herr«. Das Schicksal Jesu ist von Gott beschlossen. […] Die Bedeutung des Kreuzestodes Jesu ist durch

[…] die Einbettung in die Vorstellung vom Plan Gottes gegenüber Markus etwas reduziert. […]

Deutlicher als in Markus wird Jesus bei Lukas als Lehrer dargestellt. Insbesondere durch seine Gleichnisse erweist er sich als jemand, der die Alltagsnöte der Menschen kennt und für diesen Alltag das Evangelium vom Kommen des Reiches Gottes in anschaulichen Erzählungen ankündigt. […] Der Glaubende muss sein Leben hier und jetzt gestalten. […] Dieser Notwendigkeit folgt das Lukasevangelium, indem es Fragen der Lebensführung thematisiert: Umgang mit Reichtum, Rechtsfragen und Nächstenliebe. […]

An vielen Stellen werden reich und arm gegenübergestellt […] Gott ist eindeutig *auf der Seite der Armen*. Die Reichen sind verpflichtet ihren Besitz zur Verfügung zu stellen (12,15.16–21; 18,22). Die Verkündigung Jesu fordert allerdings von den Armen eine Ethik des Gewaltverzichts (6,27–31). Nur durch die Bereitschaft der Reichen zur Freigebigkeit und durch den Verzicht der Armen auf Gewalt kann ein Ausgleich geschaffen werden, der allen zugutekommt und würdige Lebensverhältnisse schafft. […]

Matthäus

Matthäus folgt dem Aufriss des Markusevangeliums. […] In den Wundergeschichten kürzt er die Markusvorlagen und konzentriert die Erzählungen auf die Wunderhandlung Jesu. […] Den Stoff der Logienquelle stellt Matthäus überwiegend in umfangreicheren Redekompositionen zusammen […]

Das Alte Testament hat für Matthäus große Bedeutung. Im Vergleich zum Lukasevangelium fällt aber auf, dass Matthäus weniger Wert auf die Erzählungen des Alten Testaments legt als auf die Auslegung einzelner Worte. Das wird deutlich an den *Erfüllungszitaten* […], einzelne Zitate werden über den Weg der Schriftauslegung auf die Geschichte Jesu bezogen. […]

Matthäus […] unterscheidet deutlich zwischen »Heiden« (5,47; 6,7; 18,17) und den Verehrern des Gottes Israels (Juden und Jesusanhängern). Er interessiert sich für die Auseinandersetzung um den Willen Gottes zwischen denen, die den Gott Israels anerkennen. Jesus setzt sich deswegen im Matthäusevangelium besonders eingehend mit der Lehre der Pharisäer auseinander und ringt mit ihnen um die angemessene Interpretation des Willens Gottes. […] Die Pharisäer sind für Matthäus gegenwärtige Gegner der Gemeinde.

Die Lehre Jesu erfüllt die ethischen Forderungen der Tora und führt sie weiter, um die »*Gerechtigkeit*« zu lehren, die dem Reich Gottes entspricht. […] Trotz dieser Bindung an das syrisch-palästinische Judentum blickt Matthäus auf die weltweite Mission (28,18–20). […]

Das Matthäusevangelium hat ein besonderes Verständnis von Gerechtigkeit. Gerechtigkeit entsteht dadurch, dass man gerechte Taten vollbringt. Der Mensch, der der richtigen Lehre folgt und dadurch in der Lage ist, »Gerechtigkeit« zu tun, verwirklicht Gerechtigkeit und wird das Reich Gottes erlangen (5,6; 6,33). Dieses Reich Gottes wird durch das *Tun der Gerechtigkeit* geschaffen. Es ist also nicht nur jenseitig, sondern es wird durch Handeln, das dem Willen Gottes entspricht […], bereits jetzt auf der Erde verwirklicht […]. Es gibt eine »größere« Gerechtigkeit (5,29).

Im Mittelpunkt der Lehre Jesu steht das Liebesgebot. Er entfaltet es in den Antithesen (5,21–48), die im Gebot der *Feindesliebe* gipfeln (5,43–48). Im ethischen Konflikt (Zorn, Begehren, Scheidung, Glaubwürdigkeit, Streit, Feindschaft) soll man sich so verhalten, dass man trotz schärfster Infragestellung der eigenen Identität weiterhin in Richtung Vergebung und Barmherzigkeit handelt. Die Überforderung, die damit ausgesprochen ist, wird auch von Matthäus gesehen (5,48): »Darum sollt ihr vollkommen sein, wie euer Vater im Himmel vollkommen ist.« […] Das Liebesgebot und das Tun der Gerechtigkeit werden von Matthäus als *unbedingte Forderung* verstanden. […]

Jesus ist von Anfang an der Christus (1,1). Maria empfängt ihn jungfräulich durch den Heiligen Geist (1,18). Seine Taten sind messianische Zeichen, die ihn als den Christus Gottes ausweisen. Matthäus interessiert sich besonders für die Lehre des Christus. Deswegen gestaltet er aus der Jesusüberlieferung, die ihm überwiegend in kleineren Einheiten und Einzelworten vorlag, Reden. In diesen Reden spricht Jesus auf der Erzählebene zu seinen Jüngern, die Texte sind aber gleichzeitig direkt an die matthäische Gemeinde gerichtet und werden dadurch zur unmittelbaren *Gemeindelehre*. Die Geltung der Lehre ist durch den zu Gott erhöhten Christus garantiert und soll Inhalt der Mission sein (28,18–20): »Mir ist gegeben alle Gewalt im Himmel und auf Erden. Darum gehet hin und machet zu Jüngern alle Völker ... und lehret sie halten alles, was ich euch befohlen habe.«

Bormann, Lukas: Bibelkunde. Altes und Neues Testament. Göttingen ⁵2014, S. 189–223 (gekürzt).

Lukas Bormann (*1962) ist Professor für Neues Testament an der Universität Marburg.

D 6 Udo Schnelle: Der historische Jesus und der verkündete Christus

Die historische Frage nach Jesus ist ein Kind der Aufklärung. Für die ältere Zeit war es selbstverständlich, dass die Evangelien zuverlässige Kunde über Jesus vermitteln [...]. Erst am Ende des 18. Jh. brach die Erkenntnis auf, dass der vorösterliche Jesus und der von den Evangelien (und auch den Kirchen) verkündete Christus nicht derselbe sein könnten.

Die Entstehung der Christologie

Die Verkündigung, das Leben und das Geschick des Jesus von Nazareth bilden die Grundlage für die neue Erfahrungs- und Denkwelt der ersten Christen. Mit der Entstehung einer Christologie als begrifflicher und erzählerischer Entfaltung der Heilsbedeutung des Jesus von Nazareth als Messias, Kyrios [gr.: Herr] und Gottessohn vollzieht sich eine erste Transformation. Nicht mehr Jesus selbst verkündigt, sondern er wird verkündigt. Was Jesus einst sagte und wie Jesus nach Kreuz und Auferstehung erfahren und gedacht wird, fließen nun ineinander und bilden etwas Neues: Jesus selbst wird zum Gegenstand des Glaubens und zum Inhalt des Bekenntnisses.

Wie lässt sich der Übergang von der Verkündigung Jesu zur Verkündigung von/über Jesus beschreiben? Zwei grundsätzliche Denkmodelle sind möglich: 1) *Das Modell der Diskontinuität* [...], 2) *das Modell der Kontinuität* [...]: Die nachösterliche Christologie könnte ein wirklich neues Element sein, das keinen oder nur wenig Anhalt am vorösterlichen Jesus hat; sie könnte aber auch eine folgerichtige Fortschreibung des vorösterlichen Anspruchs Jesu unter der veränderten Perspektive der Osterereignisse sein. Zur Klärung dieser Frage müssen die entscheidenden Faktoren für die Ausbildung der frühen Christologie bedacht werden.

Jesu vorösterlicher Anspruch

[...] Es gibt keine Gestalt der Antike, die einen vergleichbaren Anspruch gestellt und eine vergleichbare Wirkung erzielt hätte wie Jesus von Nazareth. Wenn Jesus das Aufrichten der Königsherrschaft Gottes exklusiv an seine Person band, so dass sein Tun als Anbruch der Gottesherrschaft erscheint, dann musste er notwendigerweise in die Nähe Gottes gerückt und mit Gott zusammengedacht werden. Wenn er [...] als Wundertäter auftrat und wie Gott Sünden vergab [...], dann ist die eschatologische Qualität des vorösterlichen Jesus der Grund, warum nach Ostern eine explizite Christologie ausgebildet wurde. Jesus erhob bereits vorösterlich einen einzigartigen Anspruch, der durch die Auferstehung nachösterlich verändert, aber zugleich noch verstärkt wurde. [...]

Die Erscheinungen des Auferstandenen

Die Erscheinungen des Auferstandenen [...] waren offenbar die Initialzündung für die grundlegende Erkenntnis der frühen Christen: Der schmachvoll am Kreuz gestorbene Jesus von Nazareth ist [...] auferweckt worden von den Toten und gehört bleibend auf die Seite Gottes. *Aus der hervorragenden Qualität Jesu vor Ostern wurde so Jesu Christi unüberbietbare Qualität nach Ostern.* [...]

[Resümee]

Die Frage der Identität Jesu von Gott her brach bereits im Leben Jesu auf und spitzte sich angesichts seiner Bereitschaft zu, für seine Sendung und Botschaft zu sterben. [...]

Weil Jesus das von ihm verkündigte Gottesbild in einzigartiger Weise verkörperte, wurde er selbst in dieses Gottesbild aufgenommen. Das neue Gottesbild ist somit nicht nur eine Wertidee, sondern es hat sich im Leben, Sterben und der Auferstehung Jesu Christi geschichtlich realisiert. [...] Was Jesus von Nazareth einst sagte und wie Jesus Christus nach Kreuz und Auferstehung erfahren und gedacht wurde, fließen nun ineinander und bilden etwas Neues: Jesus Christus selbst wird zum Gegenstand des Glaubens und zum Inhalt des Bekenntnisses. Nach Jesus wurde sachgemäß von und über Jesus erzählt, weil seine Person nicht ablösbar ist von seiner Verkündigung und seinen Taten. Jesus Christus wurde nicht als ›zweiter‹ Gott verehrt, sondern in die Verehrung des ›einen Gottes‹ (Röm 3,30) mit einbezogen, d.h. es dominiert *ein exklusiver Monotheismus in binitarischer Gestalt*. In Jesus begegnet Gott [...].

Schnelle, Udo: Theologie des Neuen Testaments. Göttingen ³2016, S. 51; 154–156.; 170 f., 180 f. (gekürzt).

Udo Schnelle (*1952) war Professor für Neues Testament in Halle/Saale.

D 7 Anselm Grün: Tiefenpsychologische Schriftauslegung bei Eugen Drewermann

Der katholische Benediktinerpater Anselm Grün (*1945) ist ein bekannter Autor allgemein verständlicher spiritueller Bücher. In seinem Buch »Tiefenpsychologische Schriftauslegung« erklärt er, wie der katholische Theologe Eugen Drewermann (*1940) Bibeltexte tiefenpsychologisch deutet.

In seiner tiefenpsychologischen Schriftauslegung geht Drewermann zurecht davon aus, dass die Autoren der Bibel etwas Geschehenes und Erfahrenes in Bildern beschreiben, in denen wir uns wiederfinden können. Mit den Bildern deuten sie immer schon das Faktum, also das Geschehene. Und nur wenn ein Faktum für uns gedeutet wird, gewinnt es für uns Bedeutung. Von den reinen Fakten, etwa von denen, die im Computer gespeichert werden, können wir nicht leben. Leben können wir nur von Geschichten, in denen wir unser Leben wiederfinden und in denen die in unserer Seele angelegten Bilder und Symbole angesprochen werden. Diese Bilder nennt C. G. Jung *Archetypen*. Archetypen sind Bilder der menschlichen Seele, die sich in allen Menschen zu allen Zeiten finden, wenn auch in verschiedener konkreter Ausgestaltung. Nach Jung sind die Archetypen eigentlich noch keine Bilder, sondern Strukturmuster, die dann von konkreten Bildern ausgefüllt werden. Er spricht vom kollektiven Unbewussten, an dem wir alle teilhaben und in dem wir auf die Archetypen stoßen. Das kollektive Unbewusste hat die Erfahrungen der ganzen Menschheit in sich gesammelt. Ja, in ihm liegen noch Erinnerungen aus der menschlichen Entwicklungsgeschichte, die bis in seine tierische Vergangenheit reichen. In unserem Unbewussten liegen Bilder bereit, die die Menschen zu allen Zeiten geprägt haben. Die Autoren der Bibel und die Autoren aller Mythen und Legenden greifen nun unbewusst zu solchen Bildern, um für sie und für uns bedeutungsvolle Geschichten zu erzählen. Die Erzählung war die erste Form der Psychologie. Der Weg der menschlichen Reifung wurde in Geschichten erzählt, in denen sich jeder wiederfand. Das Erzählen vermittelte Weisheit, Erfahrung, ja es vermochte zu heilen, wie die Einleitung zu der Märchensammlung »Tausendundeine Nacht« zeigt. Die Prinzessin erzählt solange Märchen, bis der Tyrann geheilt wird. Die Geschichten zwingen uns nicht zur Anerkennung von Sätzen und Theorien. Wir müssen nicht etwas für wahr halten oder daran glauben. […]

Drewermann vergleicht nun die Bilder, mit denen die Autoren das Geschehene erzählen, mit den Bildern, die in unseren Träumen hochsteigen. Und er entdeckt da eine große Ähnlichkeit. Daher ist es ein wichtiges Postulat seiner tiefenpsychologischen Schriftauslegung, dass wir die biblischen Geschichten ähnlich deuten wie unsere Träume. Dafür gibt es zwei grundlegende Regeln:

Die erste Regel ist, dass man Motive einer Geschichte mit denen anderer Überlieferungen vergleicht. Viele Motive der Bibel sind kein Sondergut, sondern stammen aus dem mythischen und legendären Erzählgut aller Völker. So ist zum Beispiel das Motiv der verfeindeten Brüder ein typisches Schattenthema (Kain und Abel, Jakob und Esau). Eine Nachtmeerfahrt wie beim Propheten Jona ist auch in anderen Geschichten weit verbreitet. In den Märchen tauchen viele biblische Themen wieder auf.

Die zweite Regel besteht darin, alle äußeren Gegenstände, Personen und Umstände auf der Subjektstufe zu deuten. Die Unterscheidung von Subjektstufe und Objektstufe stammt von C. G. Jung in seiner Lehre über die Traumdeutung. Wenn ich einen Traum auf der Objektstufe deute, dann bedeutet zum Beispiel ein kranker Freund, dass dieser Freund wirklich krank ist. Der Traum gibt mir eine Information, die ich in der bewussten Begegnung mit dem Freund nicht wahrgenommen habe. Wenn ich den kranken Freund auf der Subjektstufe deute, dann verweist er mich auf kranke Anteile in mir selbst. Auf der Subjektstufe bedeutet eine blühende Landschaft, dass in meiner Seele etwas aufblüht, während Eis und Schnee auf die eingefrorenen Gefühle hinweisen. […]

Für Drewermann beschreibt jede archetypische Erzählung immer den Prozess der Individuation, der Selbstwerdung des Menschen. Ähnlich wie die Träume wiederholen diese Erzählungen das Gleiche auf unterschiedlichen Stufen der inneren Entwicklung. […] Die Erzählungen sind innere Entwicklungsgeschichten. Ihr Ziel ist die Reifung und Entfaltung psychischer Einheit, Entfaltung des Selbst.

Grün, Anselm: Tiefenpsychologische Schriftauslegung. Münsterschwarzach [7]2012, S. 22–25 (gekürzt).

D8 Eugen Drewermann: Eine tiefenpsychologische Auslegung von Mk 5,35–43

Kann es sein, dass ein Menschenleben zu Ende ist, kaum dass es begonnen hat? Die Erzählung von der Tochter des Jairus berichtet von dieser Möglichkeit, aber auch von dem Weg, sie zu überwinden. Es ist schlimm, dass der Tod die Macht hat, sehr früh schon, scheinbar willkürlich und wann es ihm beliebt, das Leben von Menschen, die uns nahestehen, hinwegzuraffen, und die Traurigkeit und der Schmerz, die das Kommen des Todes begleiten, sind schrecklich. Schlimmer aber ist es, dass die Angst vor dem Tod ein Menschenleben zu ersticken vermag, noch ehe es überhaupt die Möglichkeit besitzt, frei und selbständig zu einem eigenen Dasein aufzublühen, und nicht selten ist es die vermeintliche Fürsorge der Eltern, die das bewirkt. Es ist möglich, aus Angst und Sorge einen solchen Glassturz von Behütung […] über ein Kind zu stülpen, dass es darunter erstickt, und gerade das scheint zwischen dem Synagogenvorsteher Jairus und seiner Tochter geschehen zu sein. Das so genannte »Mädchen« ist zwölf Jahre alt, wie man am Ende der Geschichte erfährt; es ist also gerade in dem Alter, in dem man in Israel zu einer erwachsenen, heiratsfähigen Frau wurde. In eben diesem Moment geschieht es, dass des Jairus »Töchterlein« […] nicht mehr zu leben weiß, sondern in seiner Kammer liegt wie tot. – Der Eindruck ist unvermeidbar, dass beides miteinander zusammenhängt: die Verzärtelung und Verkleinerung ihrer Person *und* ihre tödliche Erkrankung bei Eintritt in das Erwachsenenalter. Was wird aus einem Menschen, wenn von ihm stets nur die Rede ist als von der »Tochter« (oder dem »Sohn«) des Vaters? Es ist erdrückend, wenn sich das Leben eines Menschen nur definieren soll als Schattenbild und Nachgestalt dessen, was Erziehung, Umgebung und der Einfluss der prägenden Vorschriften und Vorstellungen der Eltern aus seinem Leben haben machen wollen. […] Auf der einen Seite wird eines Jairus »Töchterlein« nie gelernt haben, für sich selbst Entscheidungen zu treffen – die Wahrscheinlichkeit, etwas falsch zu machen, ist zu groß, die Abhängigkeit, ja sogar die Verpflichtung, sich von dem so treusorgenden Vater beschützen zu lassen, noch übermächtig; auf der anderen Seite aber wird es, wie jedes Kind in seinem Alter, den Drang verspürt haben, ein eigenes Leben zu entfalten. Auch in ihm wird sich die Sehnsucht nach Liebe, die träumende Erwartung jugendlicher Phantasie, der Wille zu Protest und Auflehnung gegen ein Zuviel an Gängelung und Bevormundung zu Wort gemeldet haben. Gefühle dieser Art lassen sich nicht zurückdrängen, doch eben deshalb erzeugen sie eine ständige Furcht vor Vorwurf und Strafe.

Auf diese Weise kann ein Leben, das nur im Dämmerlicht einer solchen »verantwortlichen« Fürsorge der Eltern aufwächst, sich zu einer tödlichen Erkrankung auswachsen, und tragischer Weise ist es offensichtlich für Vater Jairus unbegreiflich, wie sehr er womöglich die eigentliche Ursache für den lebensgefährlichen Zustand seiner Tochter darstellt. Von daher *muss* es wohl geschehen, dass des Jairus »Töchterlein« zunächst *sterben* muss, um zum Leben zu kommen, und auch Jesus bleibt nichts anderes übrig, als Vater Jairus auf dem Weg nach Hause diese Grenze eines äußersten Verlustes gerade unter den Augen und unter den Händen Gottes in aller Härte zuzumuten: Nur wenn sie ihrem Vater stirbt, wird des Jairus' Tochter leben. Gerade an dieser Stelle jedoch erfährt man von der Haltung und dem Leben des Jairus etwas außerordentlich Trauriges, letztlich Verzweifeltes. Sabbat um Sabbat wird dieser Synagogenvorsteher den Namen Gottes im Munde geführt haben; nun aber, wo die Leute ihm sagen: »Deine Tochter ist tot«, hört man, dass alle seine Hausgenossen in Wahrheit an Gott gar nicht glauben, sondern ihnen einzig die Allmacht des Todes als etwas Letztes und Endgültiges vorkommt. Allein der Tod besitzt für sie Realität. Es ist der Punkt, an dem ganz deutlich wird, mit welcher Angst latent Jairus für das Leben seiner Tochter sich »gesorgt« hat, als wäre es die Pflicht eines Vaters, sein Kind mit aller Macht gegen den Tod zu beschirmen. In Wahrheit verformt sich bei dieser Einstellung die gesamte Beziehung zwischen Vater und Tochter ins Tödliche. Verstehen wir »Liebe« als einen Versuch, einander das irdische Leben zu sichern und womöglich mit absoluter Energie gegen die scheinbar unbesiegbare Macht des Todes anzukämpfen, so missrät unser Miteinanderleben unausweichlich zu einer terroristischen Todespraxis aus Fürsorge, Zwang, Dirigismus und erstickender Einengung. Diese Erkenntnis ist ganz entscheidend: Es ist nicht möglich, dass die Liebe atmen kann, wenn es nur das irdische Leben gibt; denn die Liebe lebt von der Freiheit, von der Eröffnung eines unendlichen Horizonts, von dem Wissen um die Unableitbarkeit, die Ewigkeit, die unendliche Größe des anderen, den man liebt. Die Liebe ist die stärkste Versicherung, dass es ein *ewiges* Leben gibt, und die Geschichte von der Tochter des Jairus zeigt dies zunächst am allermeisten: dass zur Menschlichkeit der Liebe, zum Wagnis der Freiheit, zur Fähigkeit, den anderen im Lichte Gottes wachsen zu lassen, das Vertrauen in die Unsterblichkeit, in die Ewigkeit des Lebens unbedingt gehört. Jesus hebt diesen Zusammenhang besonders hervor, und er stellt es aufs Wort einander so gegenüber: »Das Mädchen«, sagt er, »ist nicht tot, es schläft nur.« Unter den Augen Gottes gibt es keinen Tod, es gibt, betrachtet mit den Augen Gottes, nur einen Übergang aus dieser Welt der Zeit und der Vergänglichkeit hinüber in die Ewigkeit. Aber: »Da lachen sie ihn aus.« – Auf keiner Bibelseite findet man ein so zynisches und grauenhaftes Gelächter der selbstgewissen Verzweiflung wie hier. Nur: leben wir im Durchschnitt nicht alle so? Welche Interessen zählen für uns wirklich? Wir geben uns ganz sicher, dass man unbedingt zum Leben wissen muss, wie man ein Auto richtig parkt, wie man die Steuererklärung am Jahresende ausfüllt, wie man sein Geld abholt, welche Nahrung man braucht, um die ärztlich verordnete Diät einzuhalten, welche Medikamente man nehmen muss, um das Alter zu erleichtern, und wie man ein Testament aufsetzt. Das alles muss man unbedingt wissen und noch ein paar kleine Tricks zusätzlich. Doch ob es Gott gibt, das muss man schon nicht mehr so unbedingt wissen, ja, eigentlich kann man es auch gar nicht wirklich wissen, und es ist daher geradezu unvornehm geworden zu sagen, das ganze Leben hinge davon ab, eben dies zu wissen, ob es Gott gebe oder nicht. Inmitten unseres Kulturbetriebes erschiene es als etwas Peinliches, wenn jemand sagte, die einzig wichtige Frage in unserem Leben bestehe darin, wie wir zu Gott stünden. Fragen dieser Art gelten allzumal als etwas Relatives; die bürgerliche Existenz hingegen scheint selbstgewiss und in sich selbst beruhigt. Muss man es eigens betonen, dass dieser Anschein trügt? In Wirklichkeit erkauft sich die bürgerliche Existenz ihre Selbstberuhigung durch den zynischen Spott gegenüber jeder Hoffnung, durch das Totschreiben des Lebens mitten im Leben, durch die Verwandlung dieser Welt in einen allseits geschlossenen Sarkophag.

Was also soll Jesus anderes tun, als diese ganze »Trauergesellschaft« – »hinauszuschicken« bzw. »hinauszutreiben« ist zu schön übersetzt; wörtlich steht im Griechischen: »er wirft sie hinaus« –; es ist das Ende aller Verständigung; es ist eine endgültige, klare Zäsur. Einzig die Eltern nimmt Jesus mit und drei seiner Jünger, so als schlösse er selbst sich, gesammelt in der Einheit seiner Person, gegen die tödliche Krankheit zusammen. Und da begibt sich das Wunder: Während sonst die Hände von Menschen auf dem Haupt eines anderen liegen können, schwer und lastend wie Zwang und wie Druck, berühren die Hände Jesu die Hand dieses Mädchens, das jetzt eine Frau ist, so, dass es sich »aufrichtet«. Eine wunderbare Mischung liegt in dieser Anrede Jesu: »Mädchen, ich sage dir: steh' auf!« »Mädchen«, das heißt: »Ich verstehe all deine Angst, mit der man dich überhäuft hat; ich verstehe all deine Furcht, dich auf die eigenen Beine zu stellen; ich begreife sehr wohl, wieviel man dich an Abhängigkeit, an Fügsamkeit, an falschem Gehorsam und Sicherheitsstreben gelehrt hat.« Und doch fügt er hinzu: »Steh auf« – was so viel heißt wie: »Unternimm den Weg, den du selber gehen kannst; steh auf und bestimme selber die Richtung deines Lebens.« Und wirklich: dieses »Mädchen« geht, buchstäblich und selbständig. Scheinbar nur geht es in diesem Moment räumlich auf und ab; in Wahrheit unternimmt es die ersten Schritte in ein eigenes Leben.

Dann aber gilt es zu verhindern, dass aus diesem wunderbaren Erwachen eines Menschen zu seiner Freiheit ein Gerede für die Menschen wird. Wunder wie diese bestehen gerade darin, dass ein Mensch unabhängig wird von der Meinung der Leute. Ausdrücklich muss Jesus es deshalb verbieten, aus der Heilung dieser jungen Frau ein Schaustück für die Öffentlichkeit zu machen. Die wahren Wunder Gottes ereignen sich *im Herzen* der Menschen, und dort müssen sie bleiben. Nur in diesem quasi privaten Raum des Wunders ist es möglich, die Unendlichkeit des Göttlichen zu ahnen und eben darin dieses kleine Leben liebzugewinnen, bis dass es die Gegensätze nicht mehr gibt, die sonst das Diesseits und das Jenseits voneinander trennen. Belehrt zur eigenen Freiheit, vermag diese Frau, die fortan aufhört, des Jairus »Töchterlein« zu sein, wieder Nahrung zu sich zu nehmen. Auch und gerade dieses irdische Leben ist nicht etwas Verächtliches; es ist in seinen wenigen Jahrzehnten ein unendlich kostbares und ewiges Gut aus den Händen Gottes, berufen zur Liebe, berufen zur Freiheit, berufen zum Glück.

Drewermann, Eugen: Das Markusevangelium. Erster Teil. Bilder von Erlösung. Olten ⁶1990, S. 371–375 (gekürzt).

Eugen Drewermann (*1940) ist ein prominenter deutscher Theologe, Psychoanalytiker, Schriftsteller, kirchenkritischer Publizist und ehemaliger katholischer Priester. Im Jahre 2005 trat er aus der katholischen Kirche aus.

D 9 Richard Gerrig: Jungs Archetypen

Carl Gustav Jung (1875–1961) erweiterte das Konzept des Unbewussten [über Sigmund Freud hinaus] beträchtlich. Für Jung […] war das Unbewusste nicht auf die einzigartigen Lebenserfahrungen des Individuums begrenzt, sondern mit fundamentalen psychischen Wahrheiten gefüllt, die von der ganzen Menschheit geteilt werden. Dieses **kollektive Unbewusste** erklärt unser intuitives Verständnis von primitiven Mythen, Kunstformen und Symbolen, welche die universellen Archetypen des Daseins sind. Ein **Archetyp** ist eine primitive symbolische Repräsentation einer bestimmten Erfahrung oder eines Objekts [z. B. Vater, Mutter, Drache, Tod, Berg, Höhle, Licht, Blindheit, der alte Mann, die alte weise Frau, Schatten usw.]. Jeder Archetyp ist mit einer instinktiven Tendenz assoziiert, ihn in besonderer Weise zu erleben, über ihn nachzudenken oder ihn zu erfahren. Jung postulierte viele Archetypen aus der Geschichte und Mythologie: der Sonnengott, der Held, die Erdmutter. *Animus* war der männliche Archetyp, *Anima* hingegen der weibliche, und alle Männer und Frauen erfahren beide Archetypen in wechselndem Ausmaß. […] Nach Jung hält eine gesunde, integrierte Persönlichkeit das Gleichgewicht zwischen widerstrebenden Kräften, wie etwa der männlichen Aggressivität und der weiblichen Empfindsamkeit. […] Darüber hinaus lehnte Jung die primäre Bedeutung der Libido [des Sexualtriebes] ab, die so zentral für Freuds Theorie war. Jung fügte zwei ebenso mächtige unbewusste Instinkte hinzu: das Bedürfnis zu schaffen (kreativ zu sein) und das Bedürfnis, ein kohärentes, ganzes Individuum zu werden.

Gerrig, Richard: Psychologie. Halbergmoos [15]2015, S. 521 f.
Richard Gerrig (*1959) ist Professor für Psychologie an der Stony Brook University im Bundesstaat New York.

D 10 Archetypen in Bibeltexten

Symbole in Mk 5,35–43
- tot sein
- auslachen
- lebendig sein
- die junge Tochter des Vaters
- der Vater der jungen Tochter
- aufstehen

Symbole in Mk 8,22–26
- Krankheit
- sehend sein
- jemanden hinausführen
- blind sein
- wie durch einen Schleier sehen

Symbole in Lk 13,10–17
- sich aufrichten
- böser Geist
- Teufel
- jemandem die Hand auflegen
- gekrümmt sein

Symbole in Mk 5,1–20
- Ketten zerreißen
- aggressiv sein
- sich selbst als »viele« erleben
- bei den Gräbern leben
- erlöst sein

Symbole in Joh 11,1–45
- stinken
- lebendig sein
- jemanden laut bei seinem Namen rufen
- aus der dunklen Höhle herauskommen
- tot sein

© Johannes Kubik

Aufgaben
1. Notieren Sie zu den genannten Symbolen jeweils Ihre ersten Assoziationen.
2. Lesen Sie anschließend (erst dann) den jeweils angegebenen Bibeltext.
3. Finden Sie in dem Bibeltext weitere Symbole und deuten Sie die Aussage des Textes tiefenpsychologisch.

Baustein E: »Ich glaube, dass mich Gott geschaffen hat«

In diesem Abschnitt geht es um den Schöpfungsglauben. Einerseits gilt weiterhin die Einsicht von Karl Ernst Nipkow, dass der Schöpfungsglaube eine von mehreren »Einbruchsstellen des Glaubens« sein kann. Daraus folgt aber andererseits nicht, dass die Auseinandersetzung mit dem Thema »Schöpfung« ausschließlich auf die klassische Frage nach der Verhältnisbestimmung von Glauben und Naturwissenschaft reduziert werden muss. Das Thema ist in Wahrheit viel breiter – sowohl fachwissenschaftlich wie auch didaktisch; anders gesagt: Es gibt auch Aspekte am Thema »Schöpfung«, die die Frage »Glaube oder Naturwissenschaft« gewissermaßen unterlaufen, etwa die Vorstellung des Panentheismus (siehe E10) oder auch eine streng subjektorientierte Schöpfungslehre, z. B. von Luther her (siehe E9). Insofern kann dieser Baustein als dritte Fortsetzung des Bausteins B (Religiöser Fundamentalismus) verwendet oder auch »selbstständig« behandelt werden.

Der Einstieg soll hier mit Übungen zum Verständnis metaphorischer Rede genommen werden (E1). Nach der Bearbeitung dieses Materials sollten die Lernenden ein Gespür dafür haben, dass wir auch im Alltag ganz selbstverständlich metaphorische Redeweisen verwenden, bei denen kein Mensch auf die Idee käme, einem ein »wörtliches Verständnis« zu unterstellen. Mithilfe der Materialien E2 und E3 lässt sich das Thema »Mehrperspektivität« bzw. »verschiedene Modi der Weltbegegnung« behandeln. Die Karikatur (E4) von Bernd Pfarr (1958–2004) kann diesen Gedanken variieren und fortführen, gerade weil ihre satirische Stoßrichtung nicht ganz eindeutig ist: Werden hier zwei verschiedene Perspektiven auf die eine Wirklichkeit geworfen? Oder wird gerade umgekehrt der Versuch, zwei Perspektiven miteinander ins Gespräch zu bringen, auf die Schippe genommen? Die Materialien E5 bis E7 dienen der Erschließung der klassischen prinzipiell möglichen Verhältnisbestimmungen von Glaube und Naturwissenschaft (Dominanzmodell, Trennungsmodell, Dialogmodell). Es bleibt ein didaktisches Problem, dass die Lernenden natürlich einerseits sehr genau merken, dass die Lehrkraft das Dialogmodell favorisiert, andererseits nicht recht formulieren können, wie denn nun ein fruchtbarer »Dialog« wirklich aussehen könnte. Es ist wichtig, hier immer wieder zu betonen, dass es nicht um die Frage geht, wer beschreibt die Weltentstehung richtig, wer falsch (das wäre eine Frage nach der Art des Dominanzmodells), sondern darum, unterschiedliche Perspektiven auf die *eine* Wirklichkeit zu werfen. Gen 1 ist kein naturwissenschaftlicher Text, sondern ein Mythos (vgl. zum Mythosbegriff auch E8 in diesem Baustein sowie D2), der in Form einer Erzählung die vorfindliche Situation des Menschen in der Welt beschreibt: Völlig ohne sein Zutun findet sich der Mensch hineingestellt in die Welt, gebunden an einen festen Daseinsort (Erde), inmitten anderer Lebensräume (Meer, Firmament), umgeben von einer Vielzahl von Lebewesen pflanzlicher (Gräser, Kräuter, Bäume) und animalischer Art (Fische, Vögel, Landtiere), abhängig von lichtspendenden Gestirnen, die seinen Lebensrhythmus determinieren (Sonne, Mond, Sterne), nicht gemacht zum Alleinsein, sondern zum Leben in intimer Partnerschaft, begabt mit der Fähigkeit zur Fortpflanzung (»Seid fruchtbar und mehret euch«) und, trotz seines Eingefügtseins in einen wohlgeordneten Kosmos (»Und Gott sah, dass es sehr gut war«), hervorgehoben als geistiges, selbstständig schaffendes Wesen (»Ebenbild Gottes«), das im permanenten Wechsel von Arbeit und Ruhe lebt.

Mithilfe eines fiktiven Interviews mit dem Autor von Gen 1, in dem nicht nur auf den Mythosbegriff, sondern auch auf die Umstände im babylonischen Exil und das Enuma Elisch eingegangen wird (E8), können diese Pointen auch ohne einen informierenden Text zu Gen 1 erarbeitet werden. Die Materialien E9 und E10 setzen gewissermaßen nochmal ganz neu ein und versuchen je auf ihre Weise, eine theologische Schöpfungslehre zu entwickeln, die den *Fokus nicht auf die Frage nach der Weltentstehung legt*. Christopher Zarnow argumentiert dabei streng subjektivitätstheoretisch, Michael Schrom panentheistisch.

Als ergänzendes Material bietet sich an: Hagemann, Hanno: Naturwissenschaft und Glaube. Themenheft für den evangelischen Religionsunterricht in der Oberstufe. Göttingen 2013.

E 1 Metaphorische Rede

	1. Ein Liebender sagt zu seiner Geliebten: »Wir sind füreinander bestimmt.«	2. »Jedem Anfang wohnt ein Zauber inne.« (aus dem berühmten Gedicht »Stufen« von Hermann Hesse)	3. Der damalige amerikanische Präsident John F. Kennedy sagte bei seinem Besuch im damals noch durch die Mauer geteilten Berlin 1963: »Ich bin ein Berliner«.	4. »Ich brauch' viel mehr davon, erst dann fang ich zu leben an. Ich will viel mehr davon, damit ich atmen kann.« (Tim Bendzko, »Mehr davon«, aus dem Album »Wenn Worte meine Sprache wären« (2011) © Sony Music Entertainment)
a)				
b)				
c)				

Aufgaben:
Untersuchen Sie zu den oben stehenden Sätzen:
a) was die Sätze *eigentlich* ausdrücken wollen, indem Sie den Gehalt in anderen Worten umformulieren,
b) wie man sie missverstehen könnte, wenn man sie wörtlich verstünde,
c) warum es angemessen ist, das, was (nach a) ausgedrückt werden soll, auf diese Weise auszudrücken, *obwohl* es (nach b) missverständlich ist.

E2 Das Rosenexperiment

Experiment »Rose«. Rolle: Ein/e Verliebte/r
Stellen Sie sich vor, Sie sind frisch verliebt. Alle Gedanken drehen sich nur um die Geliebte/den Geliebten. Die Rose gilt als Sinnbild für die Liebe. Schreiben Sie einen romantischen Liebesbrief, in welchem Sie Ihrem
5 Geliebten/Ihrer Geliebten Ihre Liebe gestehen und ihr/ihm zugleich eine Rose zukommen lassen.

Experiment »Rose«. Rolle: Pastor/in
Stellen Sie sich vor, Sie sind ein/e Pastor/in und verfassen eine Ansprache zur Rose. Nutzen Sie dazu den Text des Liedes »Es ist ein Ros' entsprungen« (Evange-
10 lisches Gesangbuch Nr. 30) und die kurze Erläuterung.
Lied »Es ist ein Ros entsprungen«
1. Es ist ein Ros entsprungen aus einer Wurzel zart, wie uns die Alten sungen, von Jesse kam die Art und hat ein Blümlein bracht, mitten im kalten Winter, wohl zu der
15 *halben Nacht.*
2. Das Blümlein, das ich meine, davon Jesaja sagt, hat uns gebracht alleine Marie, die reine Magd, aus Gottes ew'gem Rat hat sie ein Kind geboren, welches uns selig macht.
3. Das Blümelein so kleine, das duftet uns so süß, mit
20 *seinem hellen Scheine vertreibt's die Finsternis. Wahr' Mensch und wahrer Gott, hilft uns aus allem Leide, rettet von Sünd' und Tod.*

Erklärung:
Das bekannte Weihnachtslied »Es ist ein Ros' entsprun-
25 *gen« bezieht sich auf Jesaja 11,1: »Es wird ein Spross hervorgehen aus dem Stamm Isais und ein Zweig aus seiner Wurzel Frucht bringen.« Diese Stelle wurde später von der Kirche auf das Kommen Jesu Christi gedeutet.*

Experiment »Rose«. Rolle: Blumenhändler/in
Stellen Sie sich vor, Sie sind ein/e Blumenhändler/in. Sie haben gerade Rosen geliefert bekommen, die nun
30 möglichst schnell verkauft werden müssen. Verfassen Sie einen Werbetext für eine Werbetafel und einen Text, den Sie einem/r interessierten Kunden/Kundin sofort mündlich vortragen könnten, damit er/sie ganz überzeugt davon ist, das Richtige zu kaufen.

Experiment »Rose«. Ihre Rolle: Biologe/Biologin
Stellen Sie sich vor, Sie sind ein/e Biologe/Biologin, ge-
35 nauer gesagt: ein/e Botaniker/in. Das heißt, Sie beschäftigen sich ausschließlich mit Pflanzen. Jetzt sollen Sie sich mit der Rose beschäftigen. Beschreiben Sie die Rose, indem Sie den unten stehenden Lexikonartikel verwenden. Natürlich können Sie auch eigene Kenntnisse benutzen.
40
*Die **Rosen** (Rosa) sind die namensgebende Pflanzengattung der Familie der Rosengewächse (Rosaceae). Die Gattung umfasst […] 100 bis 250 Arten. Diese bilden durch ihre typischen Merkmale Stacheln, Hagebutten und
45 unpaarig gefiederte Blätter eine sehr gut abgegrenzte Gattung. Es sind Sträucher mit meist auffälligen, fünfzähligen Blüten. Die meisten Arten sind nur in der Holarktis verbreitet. Die Wissenschaft von den Rosen wird als Rhodologie bezeichnet. Gärtnerisch wird zwischen Wildrosen
50 und Kulturrosen unterschieden. […] Die Rosen-Arten sind sommergrüne, selten immergrüne Sträucher. Ihre selbständig aufrechten oder kletternden Sprossachsen sind bis zu 4 Meter hoch. Am Boden aufliegende Sprossachsen werden länger, manche sind niederliegend oder kriechend.
55 Viele Arten entwickeln verholzte Bodenausläufer und bilden dann Kolonien. Die Sprossachsen können mit Drüsen oder Haaren besetzt sein, beides kann auch fehlen. Das Vorhandensein von Drüsen ist mit mehr oder weniger starkem Duft gekoppelt. Die Behaarung (Indument) kann alle
60 oberirdischen Organe (mit Ausnahme der Hagebutten und Staubblätter) betreffen, die Form, Zahl und Verteilung der Haare ist charakteristisch für bestimmte Sippen, wobei die Behaarung ein ontogenetisch konstantes Merkmal ist.*

Seite »Rosen«. In: Wikipedia, Die freie Enzyklopädie. Bearbeitungsstand: 5. März 2019, 18:14 UTC. URL: https://de.wikipedia.org/w/index.php?title=Rosen&oldid=186289826 (Abgerufen: 15. März 2019, 10:09 UTC) (gekürzt).

Aufgaben:
1. Bearbeiten Sie den jeweiligen Auftrag zunächst allein.
2. Stellen Sie danach Ihre Ergebnisse in einer Kleingruppe vor. Legen Sie sich gemeinsam auf *einen* Ihrer Texte fest, der im Plenum vorgetragen werden soll.
3. Die Mitglieder der jeweils anderen Gruppen sollen dabei herausfinden, um welchen Beruf es sich handelt.
4. Anschließend soll diskutiert werden, wer die Rose richtig beschreibt.

E3 Jürgen Baumert: Die verschiedenen Modi der Weltbegegnung

Was verstehe ich unter Modi der Weltbegegnung? Es gibt unterschiedliche Formen der Rationalität, von denen jede in besonderer Weise im menschlichen Handeln zur Geltung kommt. Kognitive Rationalität ist nur eine. Kunst, Literatur, Musik und körperliche Übung um ihrer selbst willen folgen einer eigenen Logik, die nicht mit der kognitiv-instrumentellen Modellierung der Welt zusammenfällt, die Mathematik, Naturwissenschaften oder Technik auszeichnet. Sie teilen vielmehr eine spezifische Rationalität des Ästhetisch-Expressiven. Davon unterscheidet sich wiederum die Logik evaluativ-normativer Fragen, die Recht, Wirtschaft oder Gesellschaft aufwerfen. Ebenso sind die Fragen des Ultimaten – also Fragen nach dem Woher, Wohin und Wozu des menschlichen Lebens – anders zu behandeln als mathematische und naturwissenschaftliche Probleme. Die unterschiedlichen Rationalitätsformen eröffnen jeweils eigene Horizonte des Weltverstehens, die für Bildung grundlegend und nicht wechselseitig austauschbar sind. Schulen moderner Gesellschaften institutionalisieren die reflexive Begegnung mit *jeder* dieser unterschiedlichen menschlichen Rationalitätsformen.

Baumert, Jürgen: Deutschland im internationalen Bildungsvergleich, in: Die Zukunft der Bildung, hg. v. Nelson Kilius, Jürgen Kluge, Linda Reisch. Frankfurt/M. 2002, S. 100–150, hier S. 106 f. (der Text) und S. 113 (die Tabelle).

Jürgen Baumert (*1941) ist ein prominenter Erziehungswissenschaftler und Bildungsforscher, der v. a. im Anschluss an die erste PISA-Studie bekannt wurde.

1. Kognitiv-instrumentelle Modellierung der Welt	– Mathematik – Naturwissenschaften
2. Ästhetisch-expressive Begegnung und Gestaltung	– Sprache/Literatur – Musik/Malerei/Bildende Kunst – Physische Expression
3. Normativ-evaluative Auseinandersetzung mit Wirtschaft und Gesellschaft	– Geschichte – Ökonomie – Politik/Gesellschaft – Recht
4. Probleme konstitutiver Rationalität	– Religion – Philosophie

E4 Karikatur zur Schöpfung

Bernd Pfarr: »Geistesgegenwärtig hatte Gott damals vom Urknall ein Foto geschossen, welches er immer noch recht eindrucksvoll fand.« ZEITmagazin, um 1996. Privatbesitz.
Quelle: Gabriele Roth-Pfarr © VG Bild-Kunst, Bonn 2019

E5 Daniel Clement Dennett: Gott hat immer weniger zu tun

Der amerikanische Philosoph Daniel Clement Dennett (*1942) gilt als extremer Anhänger der Evolutionslehre. In zahlreichen Büchern beschreibt der Philosoph den Menschen, dessen Seele und Kultur, als ein rein zufälliges Produkt der natürlichen Auslese, entstanden aus den Chemikalien der Ursuppe. Der Mensch ist ein natürliches Wesen, das im Prozess der Evolution aus der Tierwelt hervorgegangen ist. Dies ist nach Dennett »Darwins gefährliche Idee« (1995), die uns zu einem naturalistischen Blick auf den Menschen zwinge. Das heißt, so Dennett, dass es in Bezug auf das Wesen des Menschen nichts grundsätzlich Rätselhaftes gebe, nichts, was die Naturwissenschaften nicht – im Prinzip – erklären könnten.

SPIEGEL: Wirkt überall, wo Neues entsteht, Darwins Gesetz? Auch bei der Entstehung des Universums zum Beispiel?

DENNETT: Zumindest sind darwinistische Ideen auch bei vielen Physikern beliebt. Sie vermuten, dass sich das heutige Universum in einer Art evolutionärer Auslese aus einer Vielzahl unterschiedlichster Universen durchgesetzt hat. Der Philosoph Friedrich Nietzsche hatte, vermutlich durch Darwin inspiriert, die Idee der ewigen Wiederkehr: Alle Varianten werden durchgespielt; jede Version wird ausprobiert, nicht einmal, sondern billionenfach.

SPIEGEL: Nietzsche zog den Schluss, Gott sei tot. Auch das eine Konsequenz aus Darwins Lehre?

DENNETT: Eindeutig. Dass es in der Welt Design gibt, war immer das stärkste Argument für die Existenz Gottes – und Darwin hat dem den Boden entzogen.

SPIEGEL: Evolution ist also mit einem Gott unvereinbar?

DENNETT: Man muss doch sehen, dass Gottes Rolle seit Äonen schrumpft. Anfangs wurde er noch für Adam und Eva gebraucht, dann hieß es, er habe die Evolution ins Rollen gebracht. Die Erkenntnisse der Kosmologie zeigen uns jedoch: Leben entwickelt sich überall dort, wo es kann. Gott kann keine neuen Arten erschaffen, er vollbringt keine Wunder, er passt auf keine Stellenausschreibung.

SPIEGEL: Wie kommt es dann, dass viele Naturwissenschaftler gläubig sind?

DENNETT: Weil sie nicht so genau hinschauen wollen. Wir unterteilen die Welt gern, um Widersprüche zu vermeiden.

SPIEGEL: Dieses Unterteilen hat doch etwas Gutes: Die Naturwissenschaft handelt vom Leben, die Religion beschäftigt sich mit dem Sinn des Lebens.

DENNETT: Eine Grenze, wie schön! Das Problem ist nur, dass sich diese Grenze verschiebt. Und je mehr sie dies tut, desto weniger hat Gott zu tun. Auch ich erstarre in Ehrfurcht vor dem Universum. Auch ich bin glücklich, hier zu sein. Das Problem ist nur: Es gibt da draußen niemanden, dem ich danken könnte. […]

SPIEGEL: Sie sagen, Gott passe auf keine Stellenausschreibung. Wieso haben dann bis heute so gut wie alle Kulturen Religionen?

DENNETT: Zum Teil erklärt sich das aus der Geschichte: Religionen sind außergewöhnlich gut angepasste Kulturphänomene, die sich entwickeln, um zu überleben.

SPIEGEL: Wie eine biologische Art?

DENNETT: Genau. Das Design einer Religion entsteht auf die gleiche seelenlose Weise wie das Design von Pflanzen und Tieren.

SPIEGEL: Haben erfolgreiche Religionen denn ähnliche Merkmale?

DENNETT: Allerdings. Sie alle tragen zum Beispiel Merkmale, die es ihnen erlauben, ihre Identität weiterzugeben – viele von ihnen sind dabei Merkmalen aus der Biologie verblüffend ähnlich. […]

SPIEGEL: Können Sie auch erklären, warum der Glaube an das Intelligent Design nirgends so verbreitet ist wie in Ihrer amerikanischen Heimat?

DENNETT: Leider nein. Ich kann Ihnen nur so viel sagen: Wir haben es mit einer Allianz aus evangelischen Fundamentalisten und rechten Politikern zu tun. Sie wollen in Amerika eine Gottesherrschaft errichten. Es ist erschreckend, dass viele von ihnen überzeugt sind, das Jüngste Gericht stehe kurz bevor.

»Süßigkeit für den Geist«. SPIEGEL-Gespräch mit Daniel Dennett, in: DER SPIEGEL 52/2005. Das Gespräch führten Jörg Blech und Johann Grolle (gekürzt).

E6 Karl Barth: Wie Orgel und Staubsauger

Karl Barth (1886–1968) gilt als einer der einflussreichsten deutschsprachigen Theologen des 20. Jahrhunderts. In einem Brief an seine Nichte Christine nimmt er im Februar 1965 Stellung zur Frage des Verhältnisses von Naturwissenschaft und Glaube. Vermutlich antwortete Barth auf eine Frage seiner Nichte, wie das Verhältnis zwischen biblischen Schöpfungserzählungen und naturwissenschaftlichen Theorien zu bestimmen sei, auf die diese offenbar im schulischen Unterricht gestoßen war.

An Christine Barth, Zollikofen bei Bern

Liebe Christine! Basel, 18.2.65

Du hast auf deinen Brief vom 13. Dez. schrecklich lang keine Antwort bekommen. Nicht aus Gleichgültigkeit, denn ich nehme an deinem Ergehen, an dem deiner Mutter und Geschwister aufrichtig Anteil und freue mich über jede gute Nachricht aus Zollikofen. Hat euch im Seminar niemand darüber aufgeklärt, dass man die biblische Schöpfungsgeschichte und eine naturwissenschaftliche Theorie wie die Abstammungslehre so wenig miteinander vergleichen kann wie, sagen wir: eine Orgel mit einem Staubsauger! – dass also von »Einklang« ebenso wenig die Rede sein kann wie von Widerspruch?

Die Schöpfungsgeschichte ist ein Zeugnis vom Anfang, vom Werden aller von Gott verschiedenen Wirklichkeit im Licht des späteren Handelns und Redens von Gott mit dem Volk Israel – natürlich in Form einer *Sage* und *Dichtung*. Die Abstammungslehre ist ein Versuch der Erklärung jener Wirklichkeit in ihrem inneren Zusammenhang – natürlich in Form einer wissenschaftlichen *Hypothese*. Die Schöpfungsgeschichte hat es gerade nur mit dem der Wissenschaft als solcher unzugänglichen *Werden* aller Dinge und also mit der Offenbarung Gottes zu tun – die Abstammungslehre mit dem *Gewordenen*, wie es sich der menschlichen Beobachtung und Nachforschung darstellt und zu seiner Deutung einlade.

Die Stellungnahme zur Schöpfungsgeschichte und zur Abstammungslehre kann nur dann ein Entweder – Oder bedeuten, wenn jemand sich *entweder* dem Glauben an Gottes Offenbarung *oder* dem Mut (oder auch der Gelegenheit) zu naturwissenschaftlichem Deuten gänzlich verschließt. Sag also der »angehenden Lehrerin«, dass sie unterscheiden solle, was zu unterscheiden ist, und dass sie sich dann nach keiner Seite gänzlich verschließen soll. Meine Antwort kommt spät, weil ich genau am 13. Dez., an dem du mir geschrieben hast, ein »Schlägli« hatte und dann für viele Wochen ins Spital musste.

Mit herzlichem Gruß, den du auch an Mutter und Geschwister weitergeben magst, Dein O. Karl

Karl Barth Gesamtausgabe V. Briefe 1961–1968, hg. v. Jürgen Fangmeier, Hinrich Stoevesandt, Hans-Anton Drewes. Zürich 1975, S. 291 f.

E7 Heinz Zahrnt: Glaube und Wissen

Heinz Zahrnt (1915–2003) war ein evangelischer Theologe, Schriftsteller und Publizist, der es verstand, die moderne Theologie einem breiten Publikum nahezubringen.

Eine radikale gegenseitige Flurbereinigung zwischen Glaube und Wissen führt zu einer unerträglichen existentiellen Schizophrenie. Daher wende ich mich sowohl gegen die einen, die den Glauben hart gegen die Vernunft stellen und alle religiösen Aussagen ängstlich aus dem Bereich des vernünftigen Denkens heraushalten wollen, als auch gegen die anderen, die den Glauben rigoros der Vernunft unterwerfen und nichts durchgehen lassen, was nicht dem Kanon wissenschaftlicher Rationalität entspricht. Gerade dem Glauben ist hier sowohl ein hochmütiger Monopolanspruch als auch eine demütige Kapitulation verboten. Weder darf er sich dem Wissen gegenüber absolut setzen noch sich ihm einfach unterordnen. […]. Wissenschaft ist, wenn sie wirklich »exakt« bleibt, sich selbst nicht genug – das weiß sie heute, im Unterschied zum einstigen wissenschaftlichen Positivismus, selbst. Diese *Insuffizienz der Wissenschaft* gilt in dreifacher Hinsicht:

1. Das Wissen, wie es die rationale Wissenschaft ermittelt, *reicht nicht aus, um die Wirklichkeit der Welt in ihrer Vielfalt und Ganzheit zu erfassen.*

Die Wirklichkeit ist umfangreicher und vielfältiger, als es die Wissenschaft durch objektive Beobachtung und kritische Analyse ermitteln kann. Die Welt steht nicht allein dem Wissen offen; sie ist kein riesiges Labor. »Um es einfach zu sagen: die Vögel singen viel mehr, als nach Darwin erlaubt ist« (F. J. J. Buytendijk). Fraglos bildet die Wirklichkeit eine Einheit, aber es ist eine Einheit in der Vielfalt. Deshalb darf man sie auch nicht nur auf eine einzige Weise, sondern muss sie auf verschiedene Weisen angehen, wenn man sie in den Blick bekommen will. […]

2. Das Wissen, wie es die rationale Wissenschaft ermittelt, *trägt in sich selbst kein Steuerungsvermögen.*

Die Wissenschaft liefert dem Menschen Wissen, aber sie gibt ihm kein Gewissen. Sie kann nur sagen, was richtig und falsch, aber nicht, was gut und böse ist. Selbst das wissenschaftliche Ideal der reinen Wahrheitssuche ist in außerwissenschaftlichen Motiven verankert. Wohl kann die rationale Wissenschaft das Material herbeischaffen, das einer braucht, um eine sittliche Entscheidung zu treffen, Norm und Motiv seiner Entscheidung aber muss er aus anderen Bereichen beziehen. Die Vernunft selbst kann den Menschen nicht dazu bewegen, dass er auch tut, was sie ihn erkennen lässt. Sie besitzt nur Vorschlagsrecht, aber keine Handlungsvollmacht. Wissenschaft kann den Kopf zurechtsetzen, aber keine neuen Herzen schaffen. Darum kann sie ebenso der Freiheit wie dem Fortschritt wie dem Wahnsinn, sowohl Gott als auch dem Teufel dienen.

3. Das Wissen, wie es die rationale Wissenschaft ermittelt, *verleiht keine existentielle Gewissheit.*
Zur Herstellung existentieller Gewissheit reicht die Feststellung von Tatsachen noch nicht aus. […] Dazu bedarf es eines anderen Zugangs zur Wirklichkeit, einer Erschließung von Wahrheit, die das vorhandene rational ermittelte Wissen nicht beiseite setzt oder gar aufhebt, die an ihm aber noch einen anderen, nicht minder realen Aspekt wahrnimmt.

»Glaube« und »Wissen« bilden zwei verschiedene Betrachtungsweisen der Wirklichkeit, die gleichberechtigt – unabhängig, aber nicht beziehungslos – nebeneinander stehen. Jede von ihnen bietet in ihrer Sicht einen Totalaspekt der Welt und drückt ihn in einer entsprechenden Sprache aus. Um menschliche Wahrnehmung von weltlicher Wirklichkeit handelt es sich bei beiden Betrachtungsweisen, und jede von ihnen ist auf Bewahrheitung bedacht und angewiesen. Diese Bewahrheitung erfolgt nicht wechselseitig, so dass der Glaube der Bestätigung durch die Wissenschaft bedürfte oder umgekehrt die Wissenschaft der Kontrolle durch den Glauben – vielmehr haben beide Methoden entsprechend ihrem verschiedenen Zugang zur Wirklichkeit je ihr eigenes Recht und Verfahren. […]

Glaube und Wissen stehen Rücken an Rücken zueinander und blicken, jeder in seiner Richtung, in dieselbe Welt. Was sie dabei wahrnehmen, das teilen sie sich, gleichsam über die Schulter, mit, darüber verhandeln und streiten sie miteinander. […] Glaube und Wissen gleichen den *beiden Brennpunkten einer Ellipse.*

Zahrnt, Heinz: Warum ich glaube. Meine Sache mit Gott. München 1977, S. 223–229 (gekürzt).

E8 Interview mit dem Autor von Gen 1

FRAGE: Sie sind also der berühmte Autor des ersten Schöpfungsberichtes. Ich wollte Sie schon immer mal kennenlernen.

AUTOR: Wieso?

FRAGE: Um Sie zu fragen, worauf die Geschichte eigentlich zielt. Sie wollten doch eine Erklärung der Entstehung der Welt geben?

AUTOR *(verdreht genervt die Augen)*: Ich weiß schon, was jetzt kommt. Und deswegen sage ich Ihnen: Ja, wollte ich, aber in der Form eines Mythos.

FRAGE: »Mythos«? Ich dachte, nach Bultmann muss die Religion entmythologisiert werden?

AUTOR: Jetzt hören Sie mal gut zu: Wenn Sie nicht verstehen, was ein Mythos ist bzw. einfach alles entmythologisieren wollen, dann können Sie wesentliche Teile der Religionsgeschichte nicht verstehen.

FRAGE *(empört)*: Ja, wie? Wieso das denn?

AUTOR *(zündet sich entspannt eine Zigarette an)*: Ein Mythos steht gewissermaßen zwischen Religion und Naturwissenschaft. Er erklärt durch Erzählung: Reden Sie nicht immer von meinem »Schöpfungs*berichts*«, es ist eine Schöpfungs*erzählung*, eben ein Mythos: Er versucht, die vorfindlichen Gegebenheiten durch eine Erzählung zu erklären, von der aber nicht behauptet wird, sie hätte sich geschichtlich so zugetragen.

FRAGE: Und was haben Sie vorgefunden? Dass Gott die Welt in sieben Tagen erschaffen hat?

AUTOR: Ich habe den Eindruck, Sie *wollen* es einfach nicht verstehen. Ich habe nicht vorgefunden, dass Gott die Welt in sieben Tagen geschaffen hat, sondern das ist meine Erzählung zur Erklärung der Stellung des Menschen in der Welt. Darin drücken sich bestimmte anthropologische und theologische Annahmen aus.

FRAGE: Gut, was das heißt, darauf können wir ja gleich noch mal zu sprechen kommen. Aber verstehe ich Sie richtig: Sie selber glauben gar nicht, dass die Welt in sieben Tagen entstanden ist?

AUTOR: Nein, inzwischen nicht mehr.

FRAGE: Wieso haben Sie das dann geschrieben?

AUTOR: Ich war damals – das ist ja immerhin schon 2500 Jahre her – noch nicht auf dem naturwissenschaftlichen Stand, auf dem wir heute sind. Was ich geschrieben habe, entsprach dem, was damals alle gedacht haben, z. B. auch die Annahme, die Erde sei eine Scheibe. Das ist doch nichts Besonderes. Es gibt viele Theorien, die man eine Zeit lang für richtig hält, und dann kommen bessere Theorien auf und korrigieren die alten.

FRAGE: Und die Naturwissenschaften haben also die Vorstellung, die Welt sei in sieben Tagen geschaffen, so wie es Ihre Geschichte erzählt, korrigiert?

AUTOR: Ja, sicher. Was dachten Sie denn?

FRAGE: Na ja, ich dachte immer, ein »streng gläubiger Mensch« müsse an der Vorstellung, die Welt sei in sieben Tagen geschaffen, trotzig festhalten, selbst wenn das Gegenteil bewiesen ist.

AUTOR: Da haben Sie aber eine sehr komische Auffassung von Religion. Es geht doch in der Religion nicht darum, besonders unwahrscheinliche Sachen trotzig für wahr zu halten! Hätte man damals schon gewusst, dass die Welt in einem langen Prozess über Milliarden von Jahren entstanden ist, hätte ich das natürlich auch geschrieben. Das wusste man aber nicht. Sie hingegen schreiben immer, das wurde »verheimlicht« oder ähnlichen Unsinn.

FRAGE: Sehr erstaunlich. Das ist genau anders herum, als ich immer dachte. Verstehe ich Sie richtig, dass Sie zwar heute der Evolutionstheorie zustimmen, aber trotzdem an bestimmten anthropologischen und theologischen Aussagen festhalten?

AUTOR: Ja, genau.

FRAGE: Aber welche Aussagen sind denn das?

AUTOR: Um das zu verstehen, muss man über die Umstände der Abfassungszeit informiert sein. Ich habe diese Geschichte im sogenannten »Babylonischen Exil«, das von 587 bis 537 v. Chr. dauerte, geschrieben. Damals waren wir Israeliten Gefangene der mächtigen Babylonier, die versuchten, uns ihre Religion aufzudrängen – eine reichlich archaische und brutale Religion übrigens. Und auch eine merkwürdige: Ich weiß nicht, ob Sie wissen, dass die Babylonier z. B. die Gestirne für Götter hielten?

FRAGE: Nein, das wusste ich nicht.

AUTOR: Ich habe damals lange darüber nachgedacht, wie ich ausdrücken kann, welche Vorstellung von Gott und vom Mensch *wir* haben, um unseren Glauben über das Exil hinaus zu retten. Und diese theologischen und anthropologischen Pointen, die ich in der Tat *auch heute noch* für richtig halte, lassen sich eben auch *unabhängig* von der Frage, wie die Welt entstanden ist, behaupten.

FRAGE: Dann nennen Sie diese Pointen!

© Johannes Kubik

E9 Christopher Zarnow: Das Subjekt reflektiert im Schöpfungsglauben sich selbst

Christopher Zarnow beschreibt in diesem Text, was ein religiöser Mensch (ein religiöses »Subjekt«) eigentlich meint, wenn er sagt »Ich glaube, dass mich Gott geschaffen hat«, und auf welche menschlichen Erfahrungen dieser Satz gewissermaßen eine Antwort ist. Er verwendet dabei den Begriff »Selbstbewusstsein« nicht im Sinne von »stolz auf sich sein«, sondern im Sinne von »sich seiner selbst bewusst sein«.

Wenn die Identitätsthematik zu den bestimmenden Merkmalen menschlichen Lebens gehört, ist damit zu rechnen, dass sie auf ihre Weise Niederschlag in den Symbolen des christlichen Glaubens […] gefunden hat. Dabei ist nicht das Vorkommen einer Identitätsterminologie im engeren Sinn entscheidend. […]

Ein erster Horizont, in dem Identität thematisch werden kann, gründet in dem Bewusstsein, dass ich gleichsam nicht mit mir selber anfange, sondern mich unter nicht selbst gesetzten Bedingungen als gegeben immer schon vorfinde. Der christliche Glaube legt dies als eine ursprüngliche *Verdanktheit* des Lebens aus. Die Faktizität seines Sich-Gegebenseins erschließt sich dem Subjekt aber nicht auf abstrakte Weise, sondern im Hinblick auf einen konkreten Kontext, in dem es sich als individuelles Selbst erfährt. […]

So heißt es in Luthers berühmter Auslegung des ersten Artikels des Glaubensbekenntnisses im Kleinen Katechismus: »Ich glaube, dass mich Gott geschaffen hat samt allen Kreaturen.« Hervorhebenswert ist an dieser Textstelle […] die doppelte Fixierung des Schöpfungsglaubens auf das religiöse Subjekt. Denn nicht nur steht der […] Gehalt der Aussage in der Klammer des ›Ich glaube, dass‹ – wodurch die Aussage gleichsam existentiell an den Für-Bezug des religiösen Subjekts zurückgebunden wird –, sondern dieses Subjekt ist dann auch selber der primäre Gegenstand, auf den sich der Schöpfungsglaube bezieht: ›Ich glaube, dass *mich* Gott geschaffen hat.‹ Das religiöse Subjekt ist nicht nur Subjekt der Aussage, sondern es thematisiert sich selbst im Schöpfungsglauben. Der Fokus dieser Selbstthematisierung liegt aber ganz auf der passiven Verdanktheit des eigenen Daseins. Das religiöse Subjekt reflektiert sich im Schöpfungsglauben, insofern es nicht mit sich selbst anfängt, sondern sich »von anderwärts her« (Schleiermacher) gegeben erfährt. Anders formuliert: Das Selbst wird sich im Schöpfungsglauben thematisch als Teil der kreatürlichen Welt – einschließlich der Endlichkeit und Begrenztheit, die damit verbunden ist. Es reflektiert sich in Bezug auf die Bedingtheit seiner endlichen Existenz. […] Es ist bemerkenswert, wie pointiert Luther hier formuliert. Es heißt nicht: ›Ich glaube, dass mich Gott geschaffen hat und dazu die Welt‹. Sondern eben: ›samt allen Kreaturen‹. […] In diesem Ineinander von Selbstbewusstsein und Weltgedanken gewinnt der Schöpfungsglauben überhaupt erst sein spezifisches religiöses Profil. Dabei kommt dem All der Kreaturen eine doppelte Rolle zu. Einmal bezeichnet es die Sphäre, der sich das religiöse Subjekt, sofern es sich ›von anderwärts her‹ verdankt weiß, selbst zurechnet. Im Bewusstsein dieser Abhängigkeit liegt die Gemeinsamkeit des eigenen Selbst mit allen anderen Kreaturen. Auf der anderen Seite steht es dieser Sphäre als selbständig gegenüber. Denn was es heißt, ein individuelles *Selbst* zu sein, erfährt es doch gerade, indem es sich in seinen Weltbezügen von dem Worauf seines Bezugnehmens unterscheidet. […] Das Bewusstsein der Verdanktheit des Daseins in seinen umfassenden Lebens- und Weltbezügen wird von Luther dann auf eine eigentümliche Weise elementarisiert. So heißt es weiter: »Ich glaube, dass mich Gott geschaffen hat samt allen Kreaturen, mir Leib und Seele, Augen, Ohren und alle Glieder, Vernunft und alle Sinne gegeben hat und noch erhält, dazu Kleider und Schuh, Essen und Trinken, Haus und Hof, Weib und Kind, Acker, Vieh und alle Güter.«

Zarnow, Christopher: Identität und Religion. Philosophische, soziologische, religionspsychologische und theologische Dimensionen des Identitätsbegriffes. Tübingen 2010, S. 303–308 (gekürzt).

Christopher Zarnow (*1975) ist Professor für Systematische Theologie an der Evangelischen Hochschule Berlin.

E 10 Michael Schrom: Panentheismus statt scharfer Trennung von Gott und Welt

Klaus Müller, Professor für philosophische Grundfragen der Theologie an der Universität Münster, hält das traditionelle biblische Schöpfungsverständnis für problematisch und kritisiert die damit eng verknüpfte Lehre von der *Creatio ex nihilo*, der »Schöpfung aus dem Nichts«. Historisch gesehen, so Müller, sei der strenge jüdische Monotheismus, der eine strikte Trennung von Gott und Welt behauptet, eine theologische Reaktion auf die existenzbedrohende Krise des jüdischen Volkes in der babylonischen Gefangenschaft. Um […] die eigene Identität in der Fremde zu bewahren, musste der Stammesgott JHWH sozusagen zu einem Supergott aufgewertet werden. In einer Art Überbietungsgeschichte wurde sein Handeln universal ausgeweitet und für alle Menschen als bedeutsam erklärt. Das radikale monotheistische »Entzauberungsprogramm« (man könnte auch sagen: Aufklärungsprogramm) […] gipfelte in der Überzeugung, dass das ganze Universum allein durch Gottes Wort aus dem Nichts ins Dasein gerufen wurde. Die theologische Alternative, nämlich ein kosmotheistisches Denken, das Gott und Welt nicht so streng trennt, sondern viel stärker ineinander denkt […], sei damals verworfen worden. Und bis heute gilt ein solches Denken den meisten jüdischen, christlichen, vor allem auch islamischen Theologen als pantheistisch, also als unzulässige Vergöttlichung der Welt, das mit der Einheit, Erhabenheit, Allmacht und Vollkommenheit Gottes nicht vereinbar sei.

Doch die Probleme, die man sich damit vor allem in der Neuzeit einhandelt, seien erheblich, meint Müller. […] Die Gegenwart ist geprägt von dem Bewusstsein, dass alles mit allem zusammenhängt. Nicht die Substanz, gedacht als das unveränderbare Wesen, sondern die Relation, also die Beziehung und die Wechselwirkungen, sind die entscheidenden Schlüssel zu einem angemessenen Weltverständnis. Und daher bietet nicht der Schöpfungsbegriff, sondern der Gedanke der All-Einheit die Basis für ein fruchtbares Gespräch zwischen Physik und Theologie, meint Müller. […] Gott sei »persönlich und alles zugleich«. Und das beste Modell, um die Einheit Gottes und die Vielheit der Welt zusammendenken zu können, bietet für ihn der Panentheismus (von griechisch: *pan* = alles; *en* = in; *theos* = Gott), wie er im angelsächsischen Bereich vor allem durch den amerikanischen Theologen Philip Clayton vertreten wird. Der entscheidende Vorteil […] des Panentheismus besteht für Clayton darin, dass Gott nicht länger als ein völlig jenseitiges, […] allmächtiges und überzeitliches Wesen behauptet wird. »Ich bezweifle, dass Gott eine externe, kausale Kraft ist.« Claytons Vorwurf an den herkömmlichen Theismus besteht darin, dass unter dieser Voraussetzung ein Eingreifen Gottes nur als Wunder, Offenbarung oder als Durchbrechung der Naturgesetze gedacht werden kann. Dagegen lautet das Denkmodell des Panentheismus vereinfacht gesagt: Gott ist in uns. Alles ist in Gott und von ihm umfangen. Aber Gott ist nicht die Welt. Gott schafft gewissermaßen einen Raum in sich selbst. Und in diesem Raum gibt es sowohl Freiheit, Bewusstsein, Wille, Personalität, Kreativität und Vernunft, die miteinander in Beziehung treten können.

Die Vorteile dieses Denkmodells liegen auf der Hand: Die Kausalketten der Naturwissenschaften können in ihrer Eigengesetzlichkeit theologisch in vollem Umfang anerkannt werden, ohne dass Gott entweder in eine Lückenbüßerfunktion gedrängt wird (weil man ein Glied der Kette noch nicht erkannt hat und Gott diesen Platz zuweist) oder Gott so stark außerhalb des Weltgeschehens gedacht werden muss, dass man früher oder später vor der Frage steht, warum man ihn überhaupt noch braucht, da er offensichtlich weder eingreift noch ein sonderliches Interesse an seiner »Schöpfung« zeigt. Das ist ja das Problem einer deistischen Gottesvorstellung, wonach Gott die Welt zwar erschuf, sie dann aber nach ihren Eigengesetzlichkeiten wie ein Uhrmacher ablaufen lässt. Im panentheistischen Paradigma kommt Gott dagegen nicht von außen her, sondern ist immer und überall da, umfängt alles und wird durch unsere Personalität wirkmächtig. Auch ein auf Erden errichteter »Gottesstaat« von »Auserwählten« oder »Berufenen« ist undenkbar, weil der Panentheismus letztlich auf All-Einheit zielt und nicht auf die Unterscheidung zwischen Gläubigen und Ungläubigen.

Schrom, Michael: Gott neu denken. Über die Versöhnung von Glaube und Wissenschaft, in: Publik Forum Sonderdruck 2018 (gekürzt).

Michael Schrom (*1968) ist katholischer Theologe und Publizist.

Baustein F: Sexualität als theologisches Thema

In diesem Baustein geht es darum, wie sich Religion, Theologie und Kirche zum Thema Sexualität stellen, unter besonderer Berücksichtigung von Homosexualität und Gender-Fragen. Dabei gilt es natürlich einerseits, Vorurteile zu entkräften, andererseits die Perspektive zu weiten und rechtliche, historische und pädagogische Horizonte in die Theologie miteinzubeziehen.

Das Thema hat in den letzten Jahren eine gesellschaftliche Beschleunigung erfahren, die zur Folge hat, dass manche damit einhergehende theologische Fragen noch debattiert werden müssen (etwa eine Auseinandersetzung mit Trans- und Intersexualität). Auch der didaktische Fokus hat sich verschoben: Natürlich bleiben Fragen nach verantworteter Partnerschaft und Sexualität, wie sie schon immer Bestandteil des Religionsunterrichts waren, auch weiterhin wichtig, Jugendliche in der Oberstufe wollen aber durchaus auch wissen, wie man sich zu Homosexualität oder zu Gender-Fragen verhalten kann, worauf daher in diesem Materialband ein Schwerpunkt gelegt werden soll.

Das Material F1 ermöglicht (durch pointierte Auslassungen) einen spielerischen Zugang dazu, wie sich (evangelisches) Christentum und Buddhismus zu Sexualität stellen. Die Lücken in den beiden kurzen Texten sind wie folgt zu füllen: Die Autorin des zweiten Textes ist Margot Käßmann. *Die Bibel* kann Sexualität preisen, etwa *im Hohelied Salomos*. Nach *evangelischem Verständnis* ist Sexualität nicht an den Zeugungswillen gebunden. Schwangerschaftsverhütung ist nach *evangelischer* Ethik Bestandteil verantwortlicher Elternschaft. Der Autor des ersten Textes ist überraschenderweise der *Dalai Lama, 75, geistliches Oberhaupt der Tibeter.* Es geht aber nicht nur darum, die Lernenden zu überraschen, sondern auch, sie an die Beobachtung heranzuführen, dass Religionen überhaupt beanspruchen, etwas zum Thema Sexualität zu sagen zu haben (was man ja auch bezweifeln könnte). Dementsprechend wird diese Beobachtung in F2 explizit thematisiert und problematisiert. Das Material F3 kann dann als so etwas wie die »Grundlage« aller weiteren Erörterungen dienen, man kann im Unterricht immer wieder darauf zurückkommen. Dass es auch andere Disziplinen als die Theologie gibt, die sich mit dem Thema Sexualität auseinandersetzen, wird durch das Material F4 in den Fokus gerückt, hier die durchaus bedeutsamen Verschiebungen in der *rechtlichen* Perspektive auf Sexualität. Auch möglich wäre ein Seitenblick in die Soziologie oder in die Psychologie, in der eine interessante Verschiebung darin besteht, dass Sexualität nicht länger ausschließlich als »Trieb« aufgefasst wird, sondern (auch) als »Ressource«.

Mit F5 beginnt der Übergang zu den zwei hier ausgewählten Spezialthemen, zuerst Homosexualität. Der bekannte SZ-Journalist Gustav Seibt gibt in F5 einen luziden historischen Überblick über die kulturgeschichtliche Entwicklung der Rezeption von Homosexualität, der einem den Atem stocken lässt. Der konkrete Anlass des Textes war das Outing des früheren Fußballnationalspielers Thomas Hitzlsperger, die Erwägungen sind aber so allgemein, dass der Text auch unabhängig von diesem konkreten Anlass behandelt werden kann, entsprechend ist er gekürzt. Isolde Karle setzt sich mit der Frage auseinander, inwiefern eine theologische Bejahung von Homosexualität vereinbar ist mit der scheinbar so eindeutigen Verurteilung von Homosexualität in der Bibel und kommt zu erstaunlichen Einsichten (F6). In F7 findet sich eine Rede des hannoverschen Landesbischofs Ralf Meister zur Frage, wie sich die Anerkennung von Homosexualität mit der Bibel vereinbaren lässt.

In F8 werden (als zweites »Spezialthema«) Gender-Aspekte aus theologischer Perspektive behandelt, ein Thema, das u. a. durch die neuere scharfe Polemik von populistischer Seite gegen den angeblichen »Gender-Wahnsinn« erheblich an Bedeutung gewonnen hat.

Folgende Materialien anderer Bausteine lassen sich hier auch integrieren: A5 (Die Pyramide menschlicher Bedürfnisse – zu denen eben auch Sexualität gehört), B1 (das unsägliche Wettern Eva Hermans gegen die »Sexorgie« Loveparade) und D1 (die humoristische Entlarvung der nicht minder unsäglichen Polemik Laura Schlessingers gegen Homosexualität). Insofern kann dieser Baustein als vierte Fortsetzung des Bausteins B (Religiöser Fundamentalismus) verwendet oder auch »selbstständig« behandelt werden.

F1 Religionen und Sexualität

Die folgenden zwei Texte zum Thema Sexualität von Vertretern zweier unterschiedlicher Religionen sind so gekürzt und mit Auslassungen versehen, dass man die jeweilige Religion nicht sofort erkennen kann.

1. *[Name eines hohen Repräsentanten der Religion]*, 75, hätte sich mit Kindererziehung überfordert gefühlt. »Da hat man zu viele Sorgen!«, sagte er zu BILD anlässlich seines Geburtstages am Dienstag. Insofern ist es praktisch, dass er den Zölibat ganz gut findet. »Als Mönch kann man sich so besser seinem Glauben widmen«, sagte er […]. »Sex macht den Menschen gemein mit allen anderen Tieren. Ich bin ein Mensch, der für gewisse moralische Prinzipien steht.« Der Zölibat sei etwas, was ihn »vom gewöhnlichen Tier unterscheidet«.

Süddeutsche Zeitung vom 07.07.2010.

2. Es wäre falsch, Sexualität […] generell in das »Reich des Bösen« zu verdammen. […] Zwei Menschen […] erfahren intensive körperliche Nähe. *[Name der heiligen Schrift der Religion]* kann das preisen, etwa *[Angabe einer Stelle]*: »Deine beiden Brüste sind wie junge Zwillinge von Gazellen, die unter den Lilien weiden.« […] Wenn zwei Menschen sich lieben, ist das wunderbar. Nach *[Name der Religion]* Verständnis ist Sexualität nicht an den Zeugungswillen gebunden, sondern zunächst ein Akt der Freiheit, sich einander hinzugeben. […] Schwangerschaftsverhütung ist nach *[Name der Religion]* Ethik Bestandteil verantwortlicher Elternschaft. […] Sexualität, verantwortlich gelebt, ist eine gute Gabe Gottes.

chrismon 06/2010, S. 10 (gekürzt).

F2 Warum ein ethischer Blick auf Sexualität aus heutiger evangelischer Sicht?

Als die Evangelische Kirche in Deutschland 1971 (!) ihre letzte Denkschrift zum Thema veröffentlichte, war der Blick auf die menschliche Sexualität vornehmlich durch den Bezug zur Ehe geprägt. Heute dagegen kommt eine erweiterte Sicht zur Darstellung. So wenig wie die Ehe in der Sexualität aufgehen kann, so wenig ist Sexualität allein auf die Ehe zu fokussieren. Daher werden die Themen und Aspekte, die sich aus evangelischer Sicht auf Fragen der Sexualethik beziehen, […] deutlich erweitert. Vor diesem Hintergrund haben die evangelische Theologie und die evangelische Kirche die Aufgabe […], ihre spezifischen Perspektiven zum Verständnis von Sexualität in unserer pluralen Gesellschaft im Horizont einer evangelisch zu verantwortenden Sexualethik einzubringen. Sofern dies mit Empathie und ohne erhobenen Zeigefinger geschieht, besteht die berechtigte Aussicht, ernst genommen und gehört zu werden. Lange Zeit war das freilich nicht der Fall. Seit der sogenannten »sexuellen Revolution« wurde beiden großen Kirchen in Deutschland aufgrund ihrer vermeintlich leibfeindlichen Traditionen hinsichtlich des Umgangs mit Sexualität kaum Prägewirkung zugebilligt. Die Notwendigkeit, sich mit den leibfeindlichen Tendenzen in der eigenen Tradition auseinanderzusetzen und zu fragen, wie ein konstruktiver und orientierender Beitrag zur Sexualität aussehen kann, wird […] durch die aktuellen gesellschaftlichen Umgangsweisen mit Sexualität beschleunigt. Angesichts der Allgegenwart von Sexualität im öffentlichen Raum […] wird verstärkt das Bedürfnis laut, Sexualität jenseits aller »Leistungsvorgaben« im intimen Schutzraum der Liebe leben zu können. […] Der erste Schritt dazu besteht darin, Sexualität grundsätzlich als etwas zutiefst Menschliches zur Sprache zu bringen. […] Verstehen wir Sexualität – trotz aller möglichen Ambivalenzen und mitunter Gefährdungen – als Gabe Gottes, dann ist sie in seinem Schöpferhandeln verankert und für uns Menschen etwas elementar Positives.

Dabrock, Peter u. a.: Unverschämt – schön. Sexualethik: evangelisch und lebensnah. Gütersloh 2015, S. 9–11 (gekürzt).

F3 Elemente einer evangelischen Sexualethik

Fragt man […] nach konkreten evangelischen ethischen Orientierungen, dann lassen sich diese anhand der **Voraussetzungen, Umsetzungen und Folgen** von sexuellen Praktiken unterscheiden. Trotz ihrer konfessionellen kirchlichen Herleitung verschließen sich solche Kriterien nicht der gesellschaftlichen, auch außertheologisch deutbaren Realität. Eine evangelische Perspektive bezieht Bedingungen wie die geltende Rechtslage oder soziokulturelle Fakten von Anbeginn an mit ein und sucht das Leben unter diesen Bedingungen zu gestalten. Betrachtet man »im Geiste der Liebe« die **Voraussetzungen** von Sexualität, dann erscheinen vier Kriterien ihr Gelingen zwar nicht zu garantieren, doch zumindest wahrscheinlicher zu machen. Das erste theologisch-ethische Kriterium ist die **Freiwilligkeit**, das zweite die **Achtung von Andersheit**, das dritte die **Ermöglichung gleicher Verwirklichungschancen** und das vierte die **Bereitschaft zur Treue und zum Neuanfang**.

Die **Freiwilligkeit** der Beteiligten im Sinne von Einverständnis und Selbstbestimmung gehört zu den zentralen Bedingungen, die aus der Sicht evangelischer Ethik zu berücksichtigen sind. Fehlt die Freiwilligkeit, wie etwa im furchtbaren Extrem der Missbrauchsfälle, aber auch in manchen Fällen von Prostitution, wird die Sexualität nicht mehr als lebensdienlich, sondern als körperlich und seelisch zerstörerisch erlebt. Zu einer Freiwilligkeit, die Menschen für sich in Anspruch nehmen dürfen, gehört umgekehrt, die **Diversität** des Menschen, die sich in der Einzigartigkeit und der Andersheit des anderen konkretisiert, zu **respektieren**. Die eigenen sexuellen Wünsche oder Erwartungen können bisweilen leicht auf das geliebte und begehrte Gegenüber übertragen werden und so dessen Grenzen überschreiten […]. Die Anerkennung von Diversität und Vielfalt führt zum Kriterium **gleicher Verwirklichungschancen**. Eine für beide Partner erfüllende Sexualität setzt eine Beziehung auf Augenhöhe ohne asymmetrische Machtverhältnisse und ohne polare Geschlechterkonstruktionen voraus […]. Besonders in den auf Dauer angelegten Beziehungen wie der Ehe […] kommt schließlich die **Bereitschaft zur Treue und zum Neuanfang** in besonderer Weise in den Blick. So weltfremd es wäre zu behaupten, dass sich gelingendes sexuelles Erleben nur innerhalb solcher fester Partnerschaften ereigne, so sehr lehrt die Erfahrung, dass die sexuelle Verbundenheit innerhalb dieses partnerschaftlichen, auch institutionell zum Ausdruck gebrachten Rahmens von Treue, Vertrauen und Vergebung über Krisen hinweg und durch das Altern hindurch von besonderer Qualität ist und das gemeinsame Leben bereichert.

Ausgehend von diesen vier vorausgesetzten theologischen Kriterien ermöglichen mit Blick auf den **Vollzug** von Sexualität folgende drei Kriterien ethische Orientierung. Erstens erscheinen als Faustregel all jene Sexualpraktiken nicht nur tolerabel, sondern aus ethischer Sicht unterstützenswert, die sich als **lebensdienlich** erweisen. »Lebensdienlich« ist zunächst ein weiter Begriff und […] meint […] nicht, seine eigenen Bedürfnisse ohne Rücksicht auf andere zu befriedigen. Vielmehr wird ein solcher Umgang mit Sexualität als gut, schön und wohltuend bewertet, der das Lustvolle und Wohltuende von Sexualität für alle Beteiligten erfahrbar macht […]. Zweitens muss immer dort, wo sich Konflikte anbahnen, der **Schutz der Beteiligten** vor dem Recht auf das Ausleben von Vorstellungen oder Wünschen gewährleistet sein. Angelehnt an ein zentrales Prinzip der biomedizinischen Ethik erscheint es daher auch für sexualethische Krisen plausibel, zunächst das »Nicht schaden!« zu fordern. […] Drittens muss noch der Bereich der **Folgen** gelebter Sexualität ethisch in Betracht gezogen werden: Unterstützenswert erscheinen aus theologisch-ethischer Perspektive sexuelle Lebens- und Erlebensformen dann, wenn sie zur Lebenszufriedenheit des Einzelnen und in Partnerschaften beitragen. […] Eine solche Balance für sich und in einer Partnerschaft zu gewinnen, bedeutet einen wichtigen Schritt in der sexuellen Identitätsbildung und dient damit einer verantwortlich gelebten sexuellen Selbstbestimmung.

Dabrock, Peter, Augstein, Renate, Helfferich, Cornelia, Schardien, Stefanie, Sielert, Uwe: Unverschämt – schön. Sexualethik: evangelisch und lebensnah. Gütersloh 2015, S. 62–66 (gekürzt und mit Hervorhebungen versehen).

Peter Dabrock (*1964), Professor für Systematische Theologie an der Universität Erlangen; Renate Augstein (*1950), Juristin, bis 2015 Leiterin der Abteilung Gleichstellung im Bundesfamilienministerium; Cornelia Helfferich (*1951), Professorin für Soziologie an der Ev. Hochschule Freiburg; Stefanie Schardien (*1976), Pfarrerin in Bayern, bis 2013 Juniorprofessorin für Systematische Theologie in Hildesheim; Uwe Sielert (*1949), Professor für Pädagogik in Kiel.

F4 Sexualität als Thema des Rechts

Sexualität, zumal in ihren individuell und gesellschaftlich unerwünschten oder schädlichen Erscheinungsformen, war und ist immer auch ein Thema von Recht. In erster Linie betraf dies das **Sexualstrafrecht** als besonderes Kapitel im Strafgesetzbuch. Bis zur Strafrechtsreform von 1975 hatte der entsprechende Abschnitt die Überschrift »Verbrechen und Vergehen wider die Sittlichkeit«. Schützenswertes Gut war damit die »Sittlichkeit«, die entsprechend dem Zeitgeist ausgelegt wurde. Bis 1975 waren z. B. der außereheliche Geschlechtsverkehr, der Ehebruch, die Kuppelei (auch durch Eltern), jegliche Prostitution sowie sexuelle Praktiken wie Sadomasochismus (S&M) verboten. Mit der sehr grundlegenden Strafrechtsreform von 1975 wurde dieser Abschnitt umbenannt in »**Straftaten gegen die sexuelle Selbstbestimmung**«. Wo es vorher um Unmoral ging, ist es jetzt die Sozialschädlichkeit eines Verhaltens, die bestraft wird. Geschütztes Rechtsgut ist die sexuelle Selbstbestimmung eines jeden Menschen, d. h. sein Recht, nicht gegen seinen Willen zum Opfer sexuellen Begehrens anderer gemacht zu werden. Die sexuelle Selbstbestimmungsfähigkeit bedeutet dabei die Fähigkeit, Bedeutung und Tragweite eines sexuellen Geschehens zu erfassen und demgemäß eine Verhaltensentscheidung zu treffen.

Mit dieser **Entmoralisierung des Strafrechts** beschränkt sich der Staat darauf, nur solches Verhalten zu verfolgen und zu bestrafen, welches elementare Interessen anderer oder der Gemeinschaft verletzt. Damit stehen vor allem der Jugendschutz, der Schutz Abhängiger bzw. Widerstandsunfähiger und der Schutz vor Gewalt im Mittelpunkt des Sexualstrafrechts. Alles, was erwachsene Menschen einverständlich tun, sollte dagegen nicht mehr strafbar sein. Neben der Aufhebung der Straftatbestände zum außerehelichen Geschlechtsverkehr, Ehebruch, Kuppelei etc. wurde auch die sogenannte weiche Pornographie (§ 184 STGB) freigegeben, da nicht mehr das Sittlichkeitsempfinden der Allgemeinheit Maßstab der rechtlichen Betrachtung ist, sondern das Selbstbestimmungsrecht des Einzelnen.

Seit dieser Reform gab es weitere Änderungen bei einzelnen Normen, die entweder den eingeschlagenen Weg fortsetzten und den Strafanspruch des Staates weiter zurücknahmen (z. B. 1994 die Aufhebung von § 175 STGB, der homosexuelle Handlungen von Männern mit minderjährigen Jungen unter Strafe stellte, verbunden mit der Schaffung einer einheitlichen Schutzvorschrift für männliche und weibliche Jugendliche in § 182 STGB) oder den Strafanspruch ausdehnten oder verschärften, weil es neue Erkenntnisse zur Sozialschädlichkeit von bestimmtem Verhalten gab (z. B. 1998 der neue Tatbestand des sexuellen Missbrauchs unter Ausnutzung eines Beratungs-, Behandlungs- oder Betreuungsverhältnisses in § 174c STGB oder neue Sichtweisen zur Sozialschädlichkeit von bestimmten Verhaltensweisen wirksam wurden (z. B. 1997 die Einführung der Strafbarkeit der ehelichen Vergewaltigung; die Ergänzung von Drohung und Gewalt bei der Vergewaltigung und sexuellen Nötigung durch »Ausnutzen einer Lage, in der das Opfer der Einwirkung des Täters schutzlos ausgeliefert ist« […]).

Diese vielen Änderungen und Erweiterungen in den verschiedenen Rechtsgebieten zeigen, dass Recht immer auch eine Reaktion auf einen gesellschaftlichen Diskurs ist, der – gerade, wenn es um Sexualität geht – sich immer weiter entwickelt und verändert. Recht ist daher etwas sehr Lebendiges, das die jeweiligen gesellschaftlichen Einstellungen spiegelt und aufnimmt. Die Entwicklung seit 1975 erfolgte daher nicht ausschließlich weg vom staatlichen Strafanspruch, sondern vergrößerte diesen gerade dort, wo es sich zeigte, dass die sexuelle Selbstbestimmung auch bei Erwachsenen gefährdet sein kann, etwa bei der Ausnutzung spezifischer Machtverhältnisse wie z. B. in einer Therapie oder Beratung oder auch in einer Ehe.

Dabrock, Peter, Augstein, Renate, Helfferich, Cornelia, Schardien, Stefanie, Sielert, Uwe: Unverschämt – schön. Sexualethik: evangelisch und lebensnah. Gütersloh 2015, S. 55–58 (gekürzt; Hervorhebungen im Original).

Peter Dabrock (*1964), Professor für Systematische Theologie an der Universität Erlangen; Renate Augstein (*1950), Juristin, bis 2015 Leiterin der Abteilung Gleichstellung im Bundesfamilienministerium; Cornelia Helfferich (*1951), Professorin für Soziologie an der Ev. Hochschule Freiburg; Stefanie Schardien (*1976), Pfarrerin in Bayern, bis 2013 Juniorprofessorin für Systematische Theologie in Hildesheim; Uwe Sielert (*1949), Professor für Pädagogik in Kiel.

F 5 Gustav Seibt: Ist Homosexualität privat oder politisch?

Wer 2014 sechzig Jahre alt wird, war schon fünfzehn, als 1969 von der ersten Regierung Willy Brandts der berüchtigte § 175 des Strafgesetzbuches revidiert wurde, der gleichgeschlechtliche Handlungen zwischen Personen männlichen Geschlechts mit bis zu sechs Jahren Gefängnis bestrafte: Ab 18 wurde das straffrei.* Erst 1994 ist der aufs Kaiserreich zurückgehende Paragraf ersatzlos gestrichen worden, im Zug einer Harmonisierung des EU-Rechts, aber auch als Tribut an eine in der letzten Phase etwas liberalere Gesetzgebung der DDR. Im ursprünglichen Gesetz von 1872 hatte die Höchststrafe sechs Monate betragen, die Verschärfungen, die bis 1969 galten, waren eine Erbschaft der Nazi-Zeit seit 1935.

Insgesamt sollen in Deutschland 140000 Männer nach § 175 verurteilt worden sein; dazu kommen etwa 30000 in den Konzentrationslagern teilweise barbarisch zu Tode gequälte Männer. Doch hinter diesen Zahlen – die im Vergleich zur vermutbaren Zahl Homosexueller in Deutschland seit 140 Jahren nicht hoch sind – steckt ein viel größeres Problem: Der Paragraf begründete jenen Zwang zur Heimlichtuerei, auf den die Schwulenbewegung von Anfang an nur mit offensiver Offenheit reagieren konnte. Schon nach einem Vierteljahrhundert nämlich war klar, dass die strafrechtliche Sanktionierung der Homosexualität weder durchführbar noch wünschenswert war, und zwar ganz unabhängig von der Frage, wie man zu dieser sexuellen Orientierung moralisch oder menschlich sonst stand.

Der § 175 verbreitete unverzüglich eine Epidemie von Nachstellung und Erpressung, die die ganze Gesellschaft schädigte. […]

Hätte der Erste Weltkrieg nicht zu einer Verhärtung auch des Männerbildes geführt, dann wäre der vielfach angefochtene Strafrechtsparagraf möglicherweise schon im ersten Jahrhundertdrittel gefallen. In der Weimarer Zeit galt Berlin dann als Eldorado der Homosexualität […]. Dass die Bundesrepublik es zwanzig Jahre nicht schaffte, den Rückschlag der NS-Zeit wiedergutzumachen, bleibt eine Schande. Eine der vielen Petitionen dazu, die fast alle berühmten Intellektuellen des Landes, von Adorno bis Walser, unterzeichnet hatten, lehnte Justizminister Fritz Schäffer noch 1962 brüsk ab. Kein homosexuelles KZ-Opfer wurde entschädigt, der erste Bundespräsident, der bei einer Rede zum 8. Mai diese Opfergruppe überhaupt erwähnte, war 1985 Richard von Weizsäcker.

In den frühen Fünfzigerjahren hatten besessene Staatsanwälte noch regelrechte Verfolgungswellen in Gang gesetzt, und dabei waren die Gefängnisstrafen oft nicht einmal das Schlimmste: Zerstörte Berufskarrieren, persönliche Ächtung und Schmähung sind Erfahrungen, von denen ältere Mitbürger bis heute berichten können. Heute harmlos wirkende Filme wie Rosa von Praunheims »Nicht der Homosexuelle ist pervers, sondern die Situation, in der er lebt« waren Skandale. Bei Fernsehausstrahlungen mit homosexueller Thematik wie Wolfgang Petersens »Die Konsequenz« (1977) pflegte sich der Bayerische Rundfunk noch in den Achtzigerjahren auszuklinken […].

Noch wer in den Siebziger- oder Achtzigerjahren zur Schule ging und sein Schwulsein entdeckte, hatte kaum handhabbare Vorbilder: Es war ja für einen normalen jungen Menschen kaum hilfreich, den »Tod in Venedig« zu lesen […]

Auch die Einführung der gleichgeschlechtlichen Lebenspartnerschaft […] am 16. Februar 2001 war in heute kaum noch vorstellbarer Weise umkämpft; die damaligen Bundestagsredner vor allem der CSU sollten ihre Beiträge nachlesen, um sich recht aus dem Herzensgrund dafür zu schämen. Denn worum ging es? Um die ganz bürgerlichen Möglichkeiten von Verantwortung, Fürsorge, Erbrecht und auch um die Anerkennung und Selbstverständlichkeit für eine Lebensform, die tatsächlich irgendwann kein großes Thema mehr sein sollte. […]

Die bürgerliche Ehe ist ein Rechtsinstitut, das schon lange von der Fortpflanzung entkoppelt wurde, und dass es nun auch für homosexuelle Männer und Frauen geöffnet wurde, trägt zur Stabilisierung der Gesellschaft insgesamt bei. […]

Ja, die Liebe der Einzelnen ist privat, aber wenn über die verschiedenen Möglichkeiten der Liebe geschwiegen werden muss, dann leidet die Gesellschaft insgesamt.

Seibt, Gustav: Jene Menschen, in: Süddeutsche Zeitung vom 11.01.2014.

Gustav Seibt (*1959) ist ein deutscher Historiker, Literaturkritiker, Schriftsteller und Journalist.

* Die Senkung des Schutzalters auf 18 Jahre geschah (entgegen der Darstellung Seibts) tatsächlich erst 1974. 1969 wurde es zunächst auf 21 Jahre festgelegt.

F6 Isolde Karle: Homosexualität und Theologie

Die Gründe, die traditionellerweise für die Ablehnung oder Abwertung von Homosexualität im Christentum angeführt wurden und noch werden, sind folgende: Erstens sind nach der neuzeitlichen Komplementaritätsthe-
5 se Männer und Frauen prinzipiell verschieden. Deshalb stelle nur die Einheit von Mann und Frau eine sinnvolle Ergänzung (in der Ehe) dar. Daraus folgt, dass ein homosexuelles Paar, das aus zwei »Gleichen« besteht, als defizitär oder gar schöpfungswidrig zu betrachten ist. Nicht
10 weniger gewichtig ist zweitens, dass die wenigen biblischen Textstellen, die auf homosexuelle Praktiken Bezug nehmen, dies ausschließlich in negativer Weise tun. Drittens wird in den meisten Sozialethiken, die sich um eine Würdigung gleichgeschlechtlicher Liebe und Part-
15 nerschaft bemühen, die Vorrangstellung der heterosexuellen Ehe vor der homosexuellen Partnerschaft mit der Fortpflanzungsfähigkeit allein des heterosexuellen Paares verteidigt. Aufgrund mangelnder Fortpflanzungsfähigkeit könnten homosexuelle Partnerschaften keinen be-
20 sonderen staatlichen Schutz (wie die Ehe) genießen und deshalb auch keine Ehe eingehen. [...]

Der Konstruktcharakter des komplementären, keineswegs überzeitlichen oder biblischen, sondern vielmehr neuzeitlichen Geschlechtermodells wurde be-
25 reits erörtert [siehe F8]. Die folgenden Überlegungen gehen deshalb auf die beiden anderen Begründungsmuster ein.

Zunächst zum biblischen Befund: Die wenigen Stellen, an denen sich die Bibel auf homosexuelle Prak-
30 tiken bezieht, sind in hohem Maße vom kulturellen und sozialen Kontext ihrer Zeit abhängig. So geht es in Gen 19 um die Verurteilung der Verletzung des Gastrechts sowie der sexuellen Gewalt. An anderen Stellen dient das Verbot homosexueller Praktiken der Abgren-
35 zung gegenüber fremdreligiösen Kultpraktiken. Insgesamt fällt auf, dass es bei der biblischen Verurteilung gleichgeschlechtlicher Praktiken immer um den Gesichtspunkt der Promiskuität als Folge der Abkehr von Gott geht. Diese wird verurteilt. So stehen sowohl in
40 Lev 18,22 und 20,13 als auch in Röm 1,26 ff. die Aussagen über sexuelle Promiskuität in einem unmittelbaren kausalen Zusammenhang mit dem Götzendienst des Unglaubens. Die Möglichkeit einer sexuellen Disposition, die Menschen nicht selbst zu verantworten haben, und ein verantwortlicher Umgang mit dieser Disposi- 45
tion in einer partnerschaftlichen Beziehung liegen nicht im Horizont der biblischen Schriften. [...] Insgesamt ist die Sexualität biblisch ein Bereich, der besonderer Verantwortlichkeit unterworfen ist. Da der Mensch eine leib-seelische Einheit ist, ist es alles andere als gleich- 50
gültig, mit wem er sexuell verkehrt. Für Paulus ist entscheidend, dass Sexualität in eine partnerschaftliche Beziehung eingebettet ist und in wechselseitigem (!) Respekt vor den Bedürfnissen der anderen Person (vgl. v. a. 1 Kor 7,2 ff.) gelebt wird. 55

Doch selbst wenn man Röm 1,26 ff. grundsätzlicher interpretieren will, ist es unabdingbar, biblische Aussagen hermeneutisch zu reflektieren und damit auch der innerkanonischen Kritik zu unterziehen. Paulus bezeichnet homosexuellen Verkehr in Röm 1,26 f. als 60
widernatürlich. Dazu ist zum einen zu bemerken, dass der Naturbegriff, den Paulus verwendet, kulturell stark imprägniert ist. So hielt es Paulus auch für naturgemäß, dass Frauen lange und Männer kurze Haare tragen (vgl. 1 Kor 11,14 f.). Natur liegt nicht als objektives Faktum 65
vor, sondern tritt immer nur kulturell überformt in Erscheinung. Zum anderen, und das ist das hermeneutisch tragende Argument, ist der Geist des Neuen Testaments ein Geist der Freiheit und der Nächstenliebe. Menschen, die sich zu Christus bekennen und sich auf 70
seinen Namen taufen lassen, stehen im Machtbereich dieses Geistes. Sie sind Teil der Neuschöpfung, die die Grenzen von Herkunft, Schicht und Geschlecht transzendiert, die aus Unterdrückung und Repression befreit und der Freiheit charismatischer Individualität 75
und Vielfalt Raum gibt (Gal 3,27 f.). Widersprechen aus gegenwärtiger Perspektive zeitgebundene Aussagen diesen sozialethischen und ekklesiologischen Leitvorstellungen, sind sie als nicht evangeliumsgemäß zu kritisieren. [...] 80

Wie sehr Homosexuelle noch in der Gegenwart unter Diskriminierung leiden, zeigt eine Studie der Universität Zürich, nach der jeder fünfte Schwule schon einen Suizidversuch hinter sich hat. [...] Besonders gefährdet sind junge Homosexuelle zum Zeitpunkt des Coming Out. 85
Deshalb ist es unabdingbar, sexuelle Vielfalt schon in der Schule zu thematisieren und sie mit Heterosexualität gleichwertig zu behandeln. Das Leiden von Homosexuel-

len rührt nicht aus der Neigung oder Orientierung selbst, sondern aus den gesellschaftlichen und kirchlichen Konventionen, die Homosexuellen ein Leben in Würde und Bejahung ihrer Persönlichkeit versagt, sie stigmatisiert und unterdrückt und letztlich in Milieus abdrängt, in denen sie keine Möglichkeit für einen verantwortungsvollen Umgang mit ihrer Sexualität haben. Das bedeutet aber auch, dass eine Gesellschaft und eine Kirche, die homosexuell veranlagte Menschen ausgrenzt und ihnen dadurch die Möglichkeit zu einer verbindlichen und verantworteten Lebensgemeinschaft verweigert, an diesen Menschen und ihrer Würde vor Gott schuldig wird. Um dies zu verhindern, muss gerade die Kirche alles tun, damit homosexuell veranlagte Menschen nicht in eine Subkultur verdrängt werden und damit der Promiskuität geradezu ausgeliefert werden. Nicht die Unterscheidung Hetero- oder Homosexualität ist entscheidend, sondern die Frage nach den grundlegenden ethischen Kriterien einer verantwortlich gelebten Sexualität und Partnerschaft. Selbstverständlich kann homosexuelle Praxis zur Sünde pervertieren, aber dies gilt in gleicher Weise für heterosexuelle Liebe. […]

Damit sind wir beim dritten Einwand gegen eine völlige Gleichstellung von gleichgeschlechtlichen Lebenspartnerschaften: Homosexuelle Paare sind, so das Argument, nicht wie die Ehe auf Fortpflanzung hin orientiert und könnten deshalb auch nicht mit der Ehe gleichgestellt werden. […] Diese Argumentation ist in mehrfacher Hinsicht nicht stichhaltig. So gibt es eine wachsende Anzahl ungewollt und gewollt kinderloser Ehepaare, denen man vor dem Hintergrund ihrer womöglich schon bekannten oder geplanten Kinderlosigkeit das Recht auf die Ehe nicht wird absprechen können und wollen. Im ersten Fall ist es Paaren trotz Heterosexualität biologisch nicht möglich, Kinder zu bekommen, im zweiten Fall entscheidet sich das Paar bewusst gegen eine Familiengründung, obwohl sie biologisch möglich wäre. […] Darüber hinaus gehen viele Menschen eine Ehe erst in einem Alter ein, in dem es nicht mehr möglich ist, Kinder zu zeugen bzw. zu bekommen. Gleichwohl erkennt unsere Verfassung selbstverständlich all diesen Ehen eine besondere Schutzwürdigkeit zu. […]

Entscheidend ist bei allen Veränderungen im Hinblick auf einen erweiterten Familienbegriff das Kindeswohl, das Beachtung finden muss. Hier werden nicht selten Bedenken in Bezug auf gleichgeschlechtliche Eltern geäußert. Kinder seien sowohl auf einen Vater als auch eine Mutter angewiesen. Doch Befürchtungen, dass die kindliche Entwicklung negativ beeinflusst wird, wenn Kinder mit lesbischen oder schwulen Eltern aufwachsen, bestätigen sich nicht. Entscheidend ist für Kinder, dass ihre Eltern sie lieben und sich um sie sorgen. Das Geschlecht der Eltern und deren sexuelle Orientierung sind nicht entscheidend, im Übrigen auch nicht im Hinblick auf die sexuelle Orientierung der Kinder, die sich völlig unabhängig von der der Eltern entwickelt. Ein Problem ist allerdings noch, dass sich Kinder aus sogenannten Regenbogenfamilien in der Schule nicht selten gegen Vorurteile wehren müssen. Es steht zugleich zu erwarten, dass sich Diskriminierungserfahrungen mit der Normalität dieser Lebensform erübrigen, jedenfalls minimieren. […]

Insofern erweisen sich alle drei Argumentationslinien, die eine verantwortliche homosexuelle Lebensführung als zweitrangig oder Homosexualität generell als defizitär betrachten, als nicht stichhaltig. Sie wurzeln in der neuzeitlich-bürgerlichen Geschlechtermetaphysik, die durch die Individualisierung der Frauen überholt ist. Sie basieren auf einer ahistorischen, biblizistischen Bibellektüre, die dem Geist des Evangeliums widerspricht. Schließlich erweist sich auch der Zusammenhang von heterosexueller Ehe und Fortpflanzung keineswegs als der Ehe inhärent […].

Hinter der Abwehr einer völligen Gleichstellung gleichgeschlechtlicher Paare steckt vermutlich die Angst vor dem Bedeutungsverlust von Ehe und Familie, der sich gesamtgesellschaftlich abzeichnet. Zugleich identifizieren sich gerade gleichgeschlechtliche Paare, die eine Ehe eingehen und kirchlich getraut werden wollen, mit der Bedeutung von Ehe und Familie. Sie treten ein für die Werte der Verlässlichkeit, der Kontinuität, des wechselseitigen Respekts voreinander und der innigen Liebe zueinander in guten wie in schlechten Tagen. Damit stützen sie das Ethos der Ehe, wie es die Kirche vertritt. »Indem Menschen mit gleichgeschlechtlicher Neigung die mit der heterosexuellen Ehe verbundenen Rechte und Pflichten und deren Ideal der wechselseitigen Verantwortung aufgreifen und aus eigenem Entschluss auf ihre Lebensführung übertragen, erhält das tradierte abendländische, auf den Konsens der Partner gestützte Verständnis der Ehe eine Neubelebung und Ausweitung« (Kreß, Hartmut: Lebenspartnerschaftsgesetz: Rechtspolitischer Fortschreibungs- und Reformbedarf, in: ZRP 45/8 (2012), S. 234–237, hier S. 234).

Karle, Isolde: Liebe in der Moderne. Körperlichkeit, Sexualität und Ehe. Gütersloh 2014, S. 128–138 (gekürzt).

Isolde Karle (*1963) ist Professorin für Praktische Theologie an der Universität Bochum und Direktorin des Instituts für Religion und Gesellschaft, das im Dialog mit benachbarten Wissenschaften das Verhältnis von Religion und Gesellschaft erforscht.

F7 Ralf Meister: Wie lässt sich Homosexualität mit der Bibel vereinbaren?

*Ralf Meister (*1962) ist seit 2011 Landesbischof der Evangelischen Landeskirche Hannover. In dem folgenden Text, den er 2013 vor der Synode (dem »Kirchenparlament«) der Landeskirche Hannover vortrug, erläutert er seine Sicht auf die Frage, ob man homosexuelle Paare kirchlich segnen dürfe, obwohl doch in der Bibel negativ über Homosexualität geredet werde.*

Schriftverständnis und Lebensformen

Als ich mich in einem Interview mit der Neuen Presse für die Segnung gleichgeschlechtlicher Paare ausgesprochen hatte, bekam ich, wie zu erwarten, kritische Zuschriften. Darin [...] werde ich gefragt, ob ich die Bibel kenne und welche Bedeutung diese für mich als Bischof habe. Die Bibel sei doch eindeutig darin, »dass ausgelebte Homosexualität vor Gott ein Gräuel« sei. [...]

Sola scriptura

Nun ist die Bibel in der Tat die Grundlage unseres Glaubens. Evangelischer Glaube versteht sich immer von der Bibel her. Sie ist die Quelle und der Auslegungszusammenhang, in dem unser Glaube seine Herkunft findet. Spezifisch evangelisch wird diese Aussage erst dann, wenn wir sagen, dass es neben der Bibel für uns keine gleichwertigen Quellen gibt, die für uns Autorität in Glaubensdingen haben können. Die lutherische Formel »sola scriptura« macht genau das deutlich. Dabei wurde das »sola« eigentlich als Kampfbegriff verstanden. »**Allein** die Heilige Schrift« hieß [...]: also nicht durch lehramtliche Verlautbarungen der Römischen Kurie oder des Papstes, auch nicht durch fromme Werke. [...] »Allein«, das heißt, dass es neben der Bibel keine *gleichwertige* Referenzgröße des Glaubens gibt: keine Kirchenväter, kein Lehramt, kein Papst. Übrigens auch keinen Zeitgeist, kein Martin Luther und kein Bischofswort.

Jeder Christ und jede Christin, sofern sie sich auf die biblischen Schriften beziehen, kann sich ein eigenständiges Urteil in Glaubensdingen machen. Das ist der demokratisierende Sinn des Priestertums aller Getauften. Genau in diesem Sinne verstehe ich auch jene eingangs genannten Zuschriften. Und hierin liegt auch ihr Recht. Wenn man der Auffassung ist, eine kirchliche Regelung widerspricht der Schrift, so ist es das gute Recht eines jeden Christen, seiner Kirche und seinem Bischof zu widersprechen. Das wiederum muss aber auch ein Bischof nicht widerspruchslos hinnehmen, wenn er die Bibel anders versteht. Kirchenleitung realisiert sich immer auch im Ringen um das richtige Verständnis der Bibel.

Die Frage nach der Mitte der Schrift

Wie hältst du es mit der Bibel? Brauchst du die Bibel dann überhaupt noch? Wie steht es um das »sola scriptura«? Wie sollten wir mit den unterschiedlichen Überlieferungssträngen, den faktischen Widersprüchen umgehen? Wir müssen im Blick behalten: Jede christliche Glaubensrichtung gründet sich zunächst auf Aussagen der Schrift. Weil für jede Glaubensrichtung in ihrer Situation eine bestimmte Sichtweise besonders wichtig wurde, prägen unterschiedliche Schwerpunkte und Auslegungskriterien das jeweilige Bibelverständnis. Den lutherischen Reformatoren als ausgewiesenen Bibelwissenschaftlern war diese Pluralität der biblischen Zeugnisse durchaus bewusst. Sie wollten sich deshalb auf das zentrale hermeneutische Grundanliegen beschränken: Die Mitte der Schrift ist nach christlichem Verständnis das Evangelium von Jesus Christus. Keiner anderen biblischen Aussage kommt ein ebensolches Gewicht zu. [...] Dieses Schriftverständnis besagt, dass das Evangelium nicht aus einer Reihe von Aussagen und Wahrheiten besteht, sondern in Christus seine Mitte hat. Als lutherische Christen sind wir keine Biblizisten. Luthers Betonung des Grundsatzes »sola scripura« wäre missverstanden, wollte man daraus herleiten, die biblischen Schriften wären Wort für Wort die Norm unseres Glaubens. Faktisch geht auch niemand mit der Bibel so um, als sei alles, was in ihr steht, gleichermaßen normierend für das eigene Leben. Das tun selbst die nicht, die sich jetzt mit Rekurs auf ein wörtliches Bibelverständnis auf die Bibel gegen die Segnung gleichgeschlechtlicher Paare berufen. Sie wählen Sätze aus, denen vielmehr *sie selbst* absolut normierenden Charakter zusprechen. [...] Der Artikel, mit dem die Kirche steht und fällt, ist nach Luther nicht die Segnung gleichgeschlechtlicher Partnerschaften, sondern die Rechtfertigung um Christi Willen allein aus Glauben [...].

Natürlich, auch für Luther wäre eine Segnung gleichgeschlechtlicher Partnerschaften undenkbar gewesen. Hier war auch Luther ein Kind seiner Zeit. Aber vom Wesenskern der evangelischen Botschaft her gedacht, sind wir – egal ob nun heterosexuell und homosexuell – *gleichermaßen* als Sünder auf Gottes rechtfertigendes Handeln und seinen Segen angewiesen. D. h. hier müssen wir m. E. mit Luther über Luther hinaus denken. Auch Luther war mit seinem Grundsatz »sola scriptura« kein Biblizist. […]

Schon der Kanon ist plural – keine Lehre von der Ehe

Schon der Singular in beiden Wörtern »Bibel« und »Ehe« ist falsch: Die Bibel ist eine Bibliothek von Schriften mit sehr unterschiedlichem Inhalt auch in Bezug auf die verschiedenen Lebensformen, die in ihr begegnen. Schon die Frage, wie »die« Bibel von »der« Ehe spricht, ist eine unsachgemäße Vereinfachung. […] Überhaupt ist das Eheverständnis, wie wir es in den biblischen Schriften finden, von einem ganz anderen kulturgeschichtlichen Hintergrund getragen als unser heutiges Eheverständnis. […] Außerdem sind die biblischen Schriften selbst von einer erstaunlichen Vielfalt von Lebensformen geprägt: Abraham hat mit Sarah und Hagar zwei Frauen. Die Sklavin Hagar soll Leihmutter werden. Isaak und Rebekka kannten sich vor ihrer Heirat nicht. Die Ehe wird von einem Knecht Abrahams und dem Bruder von Rebekka ausgehandelt. Jakob muss erst seine Cousine Lea heiraten, bevor er die geliebte Cousine Rahel ehelichen darf. Beide haben Mägde, die ebenfalls als Leihmütter dienen müssen. Von Monogamie, wie wir sie heute verstehen, kann bei alldem schwerlich die Rede sein. Die Liste ließe sich unschwer verlängern. Wer wollte aus den angeführten Beispielen Normen für unser heutiges Zusammenleben ableiten? Zumindest muss sehr kritisch betrachtet werden, wie mit oder ohne historisch-kritische Exegese, mit oder ohne Berücksichtigung des kulturellen Kontextes, mit oder ohne Bezug auf weitere kirchengeschichtliche Positionen und Auslegungstraditionen mit der Schrift umgegangen wird. […]

Ja, es ist richtig, was die Kritiker sagen: Es gibt in den biblischen Schriften keine einzige Stelle, in der Homosexualität, oder besser homosexuelle Praxis, positiv oder auch nur neutral gewertet werden würde. Aber das muss genauso wie die angeführten Beispiele von Polygamie, Leihmutterschaften und Levirat als kulturelle, mithin zeitbedingte Wertung ohne einen normierenden Charakter für unsere Gegenwart angesehen werden. Das negative Urteil der Bibel über Homosexualität muss nicht unser Urteil sein, nur weil es in der Bibel steht. […]

Was ist festzuhalten aus diesen Überlegungen? […]

Eine Frage: Was wird der Ehe eigentlich genommen, wenn auch gleichgeschlechtliche Paare gesegnet werden? Ich verstehe die Angst, die hier mitschwingt, nicht. Meine Ehe wird doch nicht relativiert, nur weil ein gleichgeschlechtliches Paar, das seine Partnerschaft in Verantwortung und Treue führen will, den Segen Gottes zugesprochen bekommt. […]

Eine Sorge: Wird die Kirche dann künftig allen möglichen Lebensformen zustimmen, wird in den kritischen Briefen gefragt. Kommt es damit zur grenzenlosen Freiheit? Drastische Beispiele werden aufgelistet bis hin zur Zustimmung zur Pädophilie. Hier ist ein entschiedenes Nein zu setzen. »Was Christum treibet« heißt in diesen Fällen auch: Das Wohl beider Partner steht im Vordergrund, jede Form von Zwang, Gewalt und Abhängigkeit kann nicht im Sinne Jesu Christi sein.

Und schließlich noch eine grundsätzliche Bemerkung zum Segen. Ich habe im Vorausgehenden bewusst von »Gottes Segen« und nicht vom »kirchlichen Segen« gesprochen. Um es ganz schlicht zu sagen: Uns, der Kirche und ihren Amtsträgern, gehört der Segen nicht. Es ist Gottes Segen. Wenn ein gleichgeschlechtliches Paar zu mir kommt und für ihre in Liebe und Verantwortung geführte Beziehung um den Segen Gottes bittet – wer bin ich, dass ich ihn verweigere?

Der Segen geht von Gott als dem Urheber allen Segens aus. Menschen lassen einander teilnehmen an dem von Gott ausgehenden Segen und ihr Segenshandeln verweist dabei zurück auf den unverfügbaren Urheber. Hier Zugangsbedingungen aufzubauen, hieße, die Freiheit, zu der uns Christus befreit hat, zu verspielen (Gal 5,19). Soziale, religiöse und geschlechtliche Differenzen spielen in unserem Glauben keine Rolle mehr, wie wir von Paulus wissen: »Denn ihr seid alle durch den Glauben Gottes Kinder in Christus Jesus. Denn ihr alle, die ihr auf Christus getauft seid, habt Christus angezogen. Hier ist nicht Jude noch Grieche, hier ist nicht Sklave noch Freier, hier ist nicht Mann noch Frau« – und ich füge hinzu: hier ist nicht heterosexuell noch homosexuell – »denn ihr seid allesamt einer in Christus Jesus« (Gal 3,26–28).

Bericht des Landesbischofs zur XIII. Tagung der 24. Landessynode der Ev.-lutherischen Landeskirche Hannovers, 27.11.2013, S. 3–9, gekürzt und mit ausgeschriebenen Abkürzungen versehen. (https://d2r0d2z5r2 gp3 t.cloudfront. net/archive_assets/files/18121/1385548572-213537571f2d6fc f47b32bd888a08088.pdf, Abruf am 15.03.2019).

F8 Isolde Karle: Mann und Frau in Gen 1–3

Die Analyse der Geschlechterkonfiguration zeigt, dass sich die Vorstellung von der dichotomen Komplementarität der Geschlechter erst im Zusammenhang einer bestimmten gesellschaftsstrukturellen Entwicklung im 18. und 19. Jahrhundert konsequent durchsetzt. Sie ist damit verhältnismäßig jungen Datums. Es lassen sich weder zeitübergreifend noch interkulturell Konstanten im Hinblick auf die Definition von Weiblichkeit oder Männlichkeit, der geschlechtsspezifischen Rollen und Verhaltenscodes, ja nicht einmal der Zweigeschlechtlichkeit selbst ausmachen. Schon vor der naturwissenschaftlichen Untersuchung des Phänomens Intersexualität haben nicht wenige Kulturen die Einrichtung von drei oder mehreren Geschlechtern gekannt und gepflegt. Die Relationierung von *sex* und *gender* waren nicht nur im Mittelalter und in der Antike, sie sind auch global und interkulturell betrachtet äußerst vielfältig. Gleichwohl hat sich die Auffassung von der natürlichen Komplementarität und Gegensätzlichkeit der Geschlechter tief in die neuzeitliche Theologie eingeschrieben […]. [Es fällt] die Selbstverständlichkeit auf, mit der nach wie vor von einer physiologischen Zweigeschlechtlichkeit auf psychologische Unterschiede zwischen den Geschlechtern rückgeschlossen wird, die mehr oder weniger direkt aus der körperlichen Differenz abgeleitet werden. […]

Viele Sozialethiker und Dogmatiker beziehen sich mit ihrer Interpretation der Hetero- wie der Homosexualität auf die Schöpfungserzählungen der Bibel. Dabei ist auffallend, dass sich bei den Themen Sexualität und Gender nicht selten ein merkwürdiger Biblizismus Bahn zu brechen scheint. So wird die Schöpfungserzählung in Genesis 1 dazu verwandt, um entweder die Ehe als Schöpfungsordnung zu begründen oder darauf hinzuweisen, dass hier eine natürliche bipolare Geschlechterdualität ontologisch grundgelegt sei, die zugleich besage, dass der Mensch in der Komplementarität von Mann und Frau füreinander geschaffen sei und sich Sexualität direkt auf den Fortpflanzungsauftrag (Gen 1,28) beziehe. Weil die Schöpfungserzählungen immer wieder als Begründungstexte angeführt werden, um die neuzeitliche Geschlechterkonstellation als biblisch zu erweisen […], gehen die folgenden Überlegungen der Frage nach, welche Probleme, Absichten und Diskurse sich hinter diesen Texten denn tatsächlich verbergen bzw. historisch rekonstruieren lassen und was sie für das theologische Nachdenken über Sexualität – sowohl im Hinblick auf die Frage nach der sexuellen Identität als auch im Hinblick auf die Sexualität als zwischenmenschliche Begegnung – hermeneutisch reflektiert austragen.

[…] Der Text mit der größten Wirkungsgeschichte ist zweifellos Gen 1,27. In der Lutherübersetzung heißt es dort: »Gott schuf den Menschen zu seinem Bilde, zum Bilde Gottes schuf er ihn; und schuf sie als Mann und Frau.« Hier werden gleich zwei große Themen angesprochen […]: Die Gottebenbildlichkeit des Menschen und die menschliche Geschöpflichkeit in der Dualität von Mann und Frau. Tatsächlich besteht ein Problem schon allein darin, beide Aussagen auseinander zu reißen. Werden beide Aussagen zusammengelesen und im historischen Kontext reflektiert, ergibt sich eine ganz andere Pointe als die der Begründung der ontologischen Dualität und Polarität von Mann und Frau.

Zunächst zur *Gottebenbildlichkeit:* Die Vorstellung von der Gottebenbildlichkeit geht auf die altorientalische Königsideologie zurück, nach der der Pharao Abbild Gottes war. Der Pharao ließ sich auf Bildwerken und Statuen abbilden, um während seiner Abwesenheit seine Präsenz vor Gott sicherzustellen und zugleich die Präsenz Gottes in der Welt zu symbolisieren. Gottesbilder wurden zwar im Alten Israel scharf abgelehnt, aber in Gen 1,27 kehrt das Gottesbild in erstaunlicher Verwendung wieder: Lebendige Menschen, keine leblose Materie, sollen das wahre Bild Gottes sein und Gott und seinen Willen in der Welt repräsentieren. Es gilt dabei zu beachten, dass Mann und Frau nicht *nach,* sondern *zum* Bilde Gottes geschaffen sind. Es geht demnach nicht um eine äußerliche Entsprechung mit Gott, sondern um eine Entsprechung der *Funktion:* Nicht nur der Pharao, sondern alle Menschen, männlich wie weiblich, sollen die Welt nach Gottes Willen gestalten und verantwortlich handelnd mit der Schöpfung umgehen. […] Die Pointe der Stelle ist mithin, dass die Übertragung des Gottesbildes nicht nur dem König, sondern unterschiedslos *allen* Menschen zukommt. Der Akzent liegt nicht auf der Zweigeschlechtlichkeit des Menschen, sondern darauf, dass im Hinblick auf die Gottesebenbildlichkeit nicht zwischen männlichen und weiblichen Menschen unterschieden werden kann und darf. […] Alle sind gemeint, nicht nur Israeliten, nicht nur der König, nicht nur Männer, sondern *alle*. Die Formulierung zielt auf die Beteiligung einer Gesamtheit ab, nicht auf die Betonung der Geschlechterpolarität […]. Es erscheint insofern völlig absurd, Menschen (Intersexuelle, Hermaphroditen und andere *In-Betweens*), die keine zweifelsfreie geschlechtliche Identität vorweisen können oder sich mit einer nicht-heterosexuellen Identität nicht fraglos dem Raster der Geschlechterdichotomie fügen, unter Bezugnahme auf diese Stelle als Abweichung von der Norm zu diskriminieren. […]

Damit kommen wir zur zweiten Schöpfungserzählung in Gen 2–3. […] Zunächst ist der erste Mensch nicht einfach der Mann mit dem Eigennamen Adam, sondern wörtlich übersetzt ein »Erdwesen«, das von der *adamah*, dem Erdboden, entnommen ist. Adam wird dann zwar später tatsächlich zum Eigennamen des Mannes – das hat eine androzentrische Lesart gefördert –, aber zunächst ist dieses Erdwesen noch ungeschlechtlich oder auch androgyn und vor allem einsam. Genau darunter leidet Adam. Deshalb schafft Gott zuerst die Tiere, aber diese sind kein adäquates Gegenüber. Dann lässt Gott einen Tiefschlaf auf sein Erdwesen fallen und baut einen zweiten Menschen aus ihm. Erst danach erfolgt die Differenzierung in Mann *(isch)* und Frau *(ischah)*. Die Übersetzung »Gehilfin« von Martin Luther legt zwar Inferiorität nahe, aber das hebräische Wort *ezer* wird ansonsten nur von der Hilfe Gottes ausgesagt und trägt insofern keinerlei inferiore Konnotationen mit sich. Die Pointe der Stelle ist, dass der Mensch andere Menschen braucht, um Mensch sein zu können, einen Menschen, der ihm auf Augenhöhe gegenüber tritt und seine Einsamkeit beendet. Dabei betont der zum Mann gemachte Adam die große Ähnlichkeit zwischen ihm und seiner Gefährtin: »Das ist doch Bein von meinem Bein und Fleisch von meinem Fleisch, man wird sie Männin nennen, weil sie vom Manne genommen ist.« (Gen 2,23) Hier drückt sich die große Freude Adams über die Ebenbürtigkeit der Gemeinschaft von Mann und Frau aus. Adam wirkt geradezu verdutzt ob der frappanten Ähnlichkeit seines Gegenübers. Nicht die Differenz oder Gegensätzlichkeit der Geschlechter wird akzentuiert, sondern ihre unwahrscheinliche Gleichheit. […]

Für die Fragestellung hier ist entscheidend, dass mit der Erzählung von Gen 2–3 nicht die Asymmetrie oder Gegensätzlichkeit von Mann und Frau begründet werden sollte. Eher ist das Gegenteil der Fall. Überdies geht Gen 2,24 von einer bemerkenswert positiven Bewertung von Sexualität aus. Das Motiv der Nacktheit in Gen 2,25 weist darauf hin, dass sich Mann und Frau in jeder Hinsicht entsprechen und dieselbe Würde besitzen. […] Erst mit der Gebotsübertretung wird die Trennung der Geschlechter akzentuiert (sie schämen sich voreinander), erst jetzt agiert jeder für sich alleine.

Noch ein letzter Hinweis: Im Neuen Testament wird in Galater 3,27 f. eine urchristliche Taufformel zitiert: »Denn ihr alle, die ihr auf Christus getauft seid, habt Christus angezogen. Hier ist nicht Jude noch Grieche, hier ist nicht Sklave noch Freier, hier ist nicht Mann noch Frau; denn ihr seid allesamt einer in Christus Jesus.« Während die Auslegungsgeschichte mit den Dualen Jude – Grieche und Sklave – Freier keine Probleme hatte, löste die Relativierung des Duals »Mann – Frau« erhebliche Irritationen aus, ging es bei ihm doch um die unverrückbaren natürlichen Geschlechterunterschiede und die bleibende Andersheit von Mann und Frau. Die neueren exegetischen Forschungen betonen nun aber, dass dieser Dual durch die Neuschöpfung in Christus genauso transzendiert werde wie die beiden anderen Größen: Die Geschlechterunterschiede zwischen Mann und Frau werden in der Gemeinschaft Jesu Christi bedeutungslos oder doch stark relativiert. […] Die Gemeinschaft in Christus stellt als neue Schöpfung vielmehr eine inklusionsorientierte, schöpferisch-vielfältige Gemeinschaft […] dar und bezeugt gerade so den Geist der Freiheit, der den ganzen Galaterbrief bestimmt, denn »zur Freiheit hat uns Christus befreit!« (Gal 5,1) Dieses Ethos entspricht auch der Verkündigung Jesu, seinen inkludierenden Mahlfeiern, seinen Krankenheilungen und Dämonenaustreibungen, seiner Botschaft vom Reich Gottes, bei der Jesus die Randständigen und Marginalisierten besonders im Blick hatte, sie heilte, aufrichtete, tröstete und ihnen neue Lebensperspektiven eröffnete. […]

Die biblischen Schöpfungserzählungen sind weit davon entfernt, die neuzeitlich-bipolare Ehe als Schöpfungsordnung zu begründen. Aus ihnen abzuleiten, dass allein eine Beziehung zwischen Mann und Frau schöpfungsgemäß sei, ist eine biblizistische Überhöhung der Stelle, die weder der Intention der Schöpfungserzählungen noch dem gegenwärtigen fachwissenschaftlichen Diskussionsstand gerecht wird und überdies durch die Neuschöpfung in Christus eine grundlegende Relativierung erfährt.

Karle, Isolde: Liebe in der Moderne. Körperlichkeit, Sexualität und Ehe. Gütersloh 2014, S. 117–127 (gekürzt).

Isolde Karle (*1963) ist Professorin für Praktische Theologie an der Universität Bochum und Direktorin des Instituts für Religion und Gesellschaft, das im Dialog mit benachbarten Wissenschaften das Verhältnis von Religion und Gesellschaft erforscht.

Aufgabenvorschläge

Baustein A: Was ist Religion?

Zum Eingang

Was verstehen Sie unter Religion? Konstruieren Sie ein Mindmap.

A1 Werbung
1. Beschreiben Sie die Werbeanzeige möglichst detailliert.
2. Benennen Sie religiöse Elemente und Anspielungen im Bild und im Text der Werbeanzeige.
3. Erörtern Sie, warum die Werbedesigner sich entschieden haben, diese religiösen Elemente zu verwenden.

A2 Was heißt »Auferstehung ist heute«?
1. Erklären Sie, was der Begriff »Auferstehung« im religiösen Sinne bedeuten kann und was er auf dem Bild bedeuten kann.
2. Erörtern und beurteilen Sie, warum die Fußballfans, die sich selbst ja nicht zwingend als »religiös« bezeichnen würden, einen eindeutig religiösen Begriff verwenden.

A3 Fußballfangesänge
1. Recherchieren Sie im Internet, z. B. auf YouTube, Clips, in denen diese Fangesänge im Stadion tatsächlich gesungen werden.
2. Erklären Sie an ausgewählten Stellen im Fangesang des FC Bayern München, inwiefern diese (in inhaltlicher oder rhetorischer Hinsicht) bestimmten liturgischen Formeln im christlichen Gottesdienst bzw. christlichen Liedern bzw. Bibelstellen ähneln.
3. Finden Sie Stellen im Fangesang des FC Liverpool, die bestimmten christlichen Vorstellungen ähneln.
4. In dem vermeintlichen »Weihnachtslied« sind Auslassungen durch Sternchen (*) markiert. Stellen Sie Vermutungen an, worum es sich handelt und recherchieren Sie (danach!) den *ganzen* Text.

A4 Ulrich Barth: Formen von Religiosität unterhalb der kirchlich-institutionalisierten
1. Erklären Sie, warum Menschen oder Institutionen den Begriff »Religion« auf die kirchlich-institutionalisierte Erscheinungsweise begrenzen wollen.
2. Erklären Sie die von Barth genannten anderen Erscheinungsweisen von Religion.
3. Benennen Sie Beispiele für die von Barth genannten anderen Erscheinungsweisen von Religion.
4. Beurteilen Sie die Plausibilität der von Barth genannten anderen Erscheinungsweisen von Religion.

A5 Abraham Maslow: Die Pyramide der menschlichen Bedürfnisse
1. Finden Sie Beispiele für jede Stufe der Maslow'schen Bedürfnispyramide.
2. Erörtern Sie die Plausibilität der Maslow'schen Bedürfnispyramide.
3. Erörtern Sie, inwiefern die religiösen Elemente in Werbeanzeigen oder in Fußballfangesängen das von Maslow sogenannte »Transzendenzbedürfnis« ansprechen.

A6 Thomas Luckmann: Die unsichtbare Religion
1. Erklären Sie, was Luckmann an den Verfahrensweisen der Religionssoziologie kritisiert.
2. Beurteilen Sie Luckmanns Kritik an der Gleichsetzung von Religion und Kirche.
3. Erklären Sie, was Luckmann mit der »objektiven« und der »subjektiven« Dimension von Religion meint.

A7 Empirische Umfrage zum Thema Religiosität
1. Luckmann kritisiert in seinem Text (A6), es sei eine Verzerrung von Religion, diese messen zu wollen, indem man in Umfragen lediglich nach Zustimmung oder Ablehnung zu Dogmen und theologischen Positionen oder sogar nach einem Ort auf einer Meinungsskala fragt. Finden Sie solche Vorgehensweisen in der abgedruckten Umfrage.
2. Beurteilen Sie die Erschließungskraft der Ergebnisse dieser Umfrage.

A8 Paul Tillich: Religion als eine Funktion des menschlichen Geistes?
1. Rekonstruieren Sie Tillichs Argumentation, warum es zu Atheismus führt, wenn man die Existenz eines höchsten Wesens behauptet.
2. Erörtern Sie für jede einzelne »Station« der »Wanderung« der Religion durch die Geistesfunktionen:
   a) Welche Gemeinsamkeit besteht zwischen der Religion und der jeweiligen Geistesfunktion?
   b) Warum aber geht die Religion dennoch nicht in der jeweiligen Geistesfunktion auf?
3. Erklären Sie, was Tillich damit meint, die Religion sei nicht mit einer der Geistesfunktionen identisch, sondern sei deren »Tiefendimension«.
4. Nennen Sie Beispiele für Tillichs Vorstellung, z.B. aus Geschichte oder Kunst, dass das, was uns unbedingt angeht, in den verschiedenen Geistesfunktionen offenbar wird.

Zum Abschluss
1. Unternehmen Sie einen Stadtrundgang; notieren, dokumentieren und fotografieren Sie »Religion in der Stadt«, und zwar nicht nur Kirchengebäude und Friedhöfe, sondern auch Bankhäuser, Autohäuser, Werbeplakate, Lifestyle-Inszenierungen.
2. Führen Sie eine Befragung in Ihrer Stadt durch: »Was glauben Sie?« Finden Sie religiöse Elemente, auch versteckte oder indirekte, in den Antworten.

Baustein B: Religiöser Fundamentalismus
Zum Eingang
1. Sammeln Sie Nachrichtenmeldungen über religiösen Fundamentalismus (möglichst vieler verschiedener Religionen).
2. Untersuchen Sie die sprachliche Verwendung des Begriffes »Fundamentalismus«: Worauf wird der Begriff angewendet, was meint er jeweils?

B1 Die Loveparade-Katastrophe 2010 in Duisburg als Strafe Gottes
1. Recherchieren Sie im Internet den vollständigen Text von Eva Herman (z.B. unter http://klarmann.blogsport.de/images/SexundDrogenorgieLoveparade_ZahlreicheTotebeiSodomundGomorrhainDuisburgKoppVerlag.pdf).
2. Finden Sie Stellen, in denen Eva Herman religiöse Begründungen für die Katastrophe konstruiert.
3. Finden Sie rhetorische Mittel, mithilfe derer Eva Herman die Geschehnisse in Duisburg wie ein apokalyptisches Geschehen schildert.
4. a) Finden Sie Elemente des religiösen Fundamentalismus in dem Text.
   b) Wenden Sie die Kriterien des religiösen Fundamentalismus von Gottfried Küenzlen (B5) auf den Text an.
5. a) Der Zeitungsartikel übt deutliche Kritik an der Position Eva Hermans. Beurteilen Sie die Plausibilität dieser Kritik.
   b) Schreiben Sie einen anderen Zeitungsartikel zum gleichen Thema, der nun aber der Position von Eva Herman vehement zustimmt.

B2 Ahmad Mansour: Die Attraktivität des islamischen Fundamentalismus
1. a) Finden Sie Elemente des religiösen Fundamentalismus in dem Text.
   b) Wenden Sie die Kriterien des religiösen Fundamentalismus von Gottfried Küenzlen (B5) auf Helena an.
2. Helena wird als eine »schwache« Person beschrieben. Ordnen Sie jeweils ein autoritäres Element der islamischen Gemeinde, in die Helena gerät, einem Persönlichkeitsmerkmal Helenas zu.
3. Erörtern Sie, wie eine Freundin Helenas vorgehen müsste, um Helena wieder in ein selbstbestimmteres Leben zurückführen zu können.
4. Recherchieren Sie, inwiefern es ähnliche Phänomene des religiösen Fundamentalismus auch in bestimmten *christlichen* Gemeinden gibt.

B3 Maram Stern: Antisemitismus in Deutschland?
1. Recherchieren Sie die Hintergründe des Vorfalls beim Musikpreis »Echo« im April 2018, auf den am Anfang des Textes angespielt wird.
2. Erörtern Sie, wie man als Außenstehender reagieren kann, wenn man mitbekommt, dass Mitschüler oder Mitschülerinnen antisemitisch (oder überhaupt) beleidigt werden.
3. Inszenieren oder schreiben Sie einen Dialog, in dem A den Standpunkt vertritt, jüdische Menschen sollten ihren Glauben nicht öffentlich zeigen, und B das Gegenteil.
4. Beziehen Sie die Aussagen aus dem Text C2 (Dieter Grimm) auf die Aussagen Maram Sterns zu Religionsfreiheit und die Frage, was man für ihre Akzeptanz tun kann.
5. Beziehen Sie die Aussagen aus dem Text C8 (Philipp Möller) auf die Aussagen Maram Sterns zu Religionsfreiheit und die Frage, was man für ihre Akzeptanz tun kann.

B4 Gibt es einen aufgeklärten Islam?
1. Wenden Sie die von Gottfried Küenzlen (B5) genannten Elemente des religiösen Fundamentalismus (unkritischer Umgang mit der heiligen Schrift, dualistisches Weltbild, unmittelbare Geltung religiöser Vorschriften für politisches Handeln, bestimmtes Geschichtsbild) auf den Text an, indem Sie herausarbeiten, inwiefern die hier vorgestellten Muslime versuchen, die jeweiligen fundamentalistischen Elemente zu überwinden.
2. Dieser SPIEGEL-Artikel löste z. T. heftige Reaktionen aus. Ihm wurde vorgeworfen, er stelle wenige Ausnahmen als Mehrheitsmeinung dar. Erörtern Sie die Plausibilität dieser Kritik.

B5 Gottfried Küenzlen: Was ist religiöser Fundamentalismus?
1. Arbeiten Sie die von Küenzlen genannten Elemente des religiösen Fundamentalismus heraus (unkritischer Umgang mit der heiligen Schrift, dualistisches Weltbild, unmittelbare Geltung religiöser Vorschriften für politisches Handeln, bestimmtes Geschichtsbild).
2. Finden Sie Belege für diese Elemente in den Materialien B1, B2, B4 und B6.

B6 Seyran Ates, Christoph Markschies: Religion und Toleranz
1. Seyran Ates erwähnt in dem Interview den englischen Schriftsteller Salman Rushdie. Informieren Sie sich über ihn und die Folgen der Veröffentlichung seines Buches »Die satanischen Verse«.
2. »Die französische Menschenrechtserklärung war zwar schroff gegen die katholische Kirche gerichtet, enthält aber viele christliche Elemente.« Recherchieren und erörtern Sie die Plausibilität dieser These von Christoph Markschies.
3. »Jede dieser Religionen hat in ihrer Theologie auch Elemente, die eigene Wahrheitsansprüche begrenzen. In der Bibel wird deutlich zwischen der Wahrheit Gottes und dem, was Menschen davon wissen können, differenziert.« Recherchieren und erörtern Sie die Plausibilität dieser These von Christoph Markschies.
4. Wenden Sie die von Gottfried Küenzlen (B5) genannten Elemente des religiösen Fundamentalismus (unkritischer Umgang mit der heiligen Schrift, dualistisches Weltbild, unmittelbare Geltung religiöser Vorschriften für politisches Handeln, bestimmtes Geschichtsbild) auf den Text an, indem Sie herausarbeiten, inwiefern Seyran Ates versucht, die jeweiligen fundamentalistischen Elemente zu überwinden.

Zum Abschluss
1. Recherchieren Sie über fundamentalistische Gruppen verschiedener Religionen in ihrer Stadt oder weltweit. Wenden Sie die erworbenen Kenntnisse auf diese Gruppen an.
2. Recherchieren Sie Initiativen, die sich für die Verständigung der Religionen untereinander und Aufklärung über Fundamentalismus einsetzen.

Baustein C: Kirche und Religion im säkularen Staat der modernen Gesellschaft
Zum Eingang
1. Recherchieren Sie: Wie verhalten sich Kirche und Staat in verschiedenen Ländern zueinander? Welche Rolle spielt das Christentum, welche der Islam, das Judentum dabei jeweils?
2. Recherchieren Sie, welche Verhältnisbestimmungen von Kirche und Staat es in der Geschichte gegeben hat.

C1 Was sind Grundrechte?
1. Erörtern Sie den Charakter der Grundrechte als »Abwehrrechte gegen den Staat«.
2. Ordnen Sie jedem der Beispielfälle ein Grundrecht aus dem Grundgesetz zu.
3. Erörtern Sie, warum es sinnvoll ist, dass der Staat sich selbst auferlegt hat, die genannten Sanktionen *gerade nicht* durchzuführen.
4. Recherchieren Sie über Länder, in denen bestimmte Grundrechte vom Staat verletzt werden.

C2 Dieter Grimm: Was ist Religionsfreiheit?
1. Erklären Sie die Begriffe »positive« und »negative« Religionsfreiheit.
2. Erklären Sie den Umstand, dass es »zur positiven Religionsfreiheit gehört, seinem Glauben entsprechend leben zu dürfen«, dass dann aber in den jeweiligen sozialen Bezügen »die Schranken des Rechtsstaates« gelten. Belegen Sie dies mit Beispielen.
3. Erklären Sie den Begriff »hinkende Trennung zwischen Staat und Kirche«.
4. Erörtern und veranschaulichen Sie das mögliche Missverständnis, vor dem Grimm warnt, wenn er ausführt: »Der Staat des Grundgesetzes […] ist säkular, was aber nicht mit antireligiös verwechselt werden darf.«

C3 Horst Dreier: Religionsfreiheit im Konflikt
1. Erklären Sie, inwiefern das Grundgesetz gegenüber Religionen neutral ist und keine Religion bevorzugen darf.
2. Finden Sie weitere Beispiele für die Darstellung Dreiers, es sei »nicht der Ausnahmefall, sondern die Regel, dass Grundrechte miteinander kollidieren«.

C4 Jörg Winter: Aufgaben und Grenzen kirchlicher Äußerungen zur Gesellschaft
1. Recherchieren Sie den von Winter genannten (fünfseitigen) Text Bonhoeffers im Internet und lesen Sie ihn.
2. Erklären Sie die von Winter referierten »drei Möglichkeiten der Kirche [nach Bonhoeffer], ihre politische Verantwortung gegenüber dem Staat wahrzunehmen«.
3. »Die Befürchtung, die Kirche könnte das Prinzip der Trennung von Staat und Kirche in Frage stellen und ziele darauf ab, sich an die Stelle des Staates zu setzen oder wolle die Politik klerikal bevormunden, ist jedenfalls heute ganz unbegründet.« Erörtern Sie die Plausibilität dieser These Winters.
4. Winter bezieht sich auf die (allgemein anerkannte) Vorstellung, die Kirchen hätten im Dritten Reich versagt. Recherchieren Sie historischen Hintergründe dieser Vorstellung.
5. Beurteilen Sie die »Auffassung, dass sich die Kirche ja ruhig zu politischen Fragen äußern könne, ihre Meinung aber bitte schön nicht vom Evangelium her begründen möge«, sowie Winters Kritik an dieser Auffassung.
6. Schreiben Sie einen Brief an jemanden, der diese Auffassung (aus Aufgabe 5) tatsächlich vertritt.

C5 Religions- und Kirchenkritik bei Friedrich Nietzsche
1. Interpretieren Sie Nietzsches Lebensbegriff.
2. Nennen und erklären Sie Nietzsches verschiedene Kritikpunkte an der Religion vor dem Hintergrund seines Lebensbegriffes.
3. Erklären Sie die Elemente seiner (positiven) Religionstheorie, z. B. am Ende von Aphorismus III.35 aus der »Genealogie der Moral«.
4. Eine unerfreuliche Erscheinung der Nietzsche-Rezeption ist der Umstand, dass die Nationalsozialisten bei ihm Anknüpfungspunkte für ihre Politik und ihre Ideologie fanden. Nennen Sie Elemente aus Nietzsches Religionskritik, die erklären, warum und inwiefern er von den Nationalsozialisten rezipiert und für ihre Zwecke missbraucht werden konnte.

C6 Andreas Kubik: Die Religionskritik Friedrich Nietzsches
1. Interpretieren Sie Nietzsches Lebensbegriff.
2. Nennen und erklären Sie Nietzsches verschiedene Kritikpunkte an der Religion vor dem Hintergrund seines Lebensbegriffes.
3. Eine unerfreuliche Erscheinung der Nietzsche-Rezeption ist der Umstand, dass die Nationalsozialisten bei ihm Anknüpfungspunkte für ihre Politik und ihre Ideologie fanden. Nennen Sie Elemente aus Nietzsches Religionskritik, die erklären, warum und inwiefern er von den Nationalsozialisten rezipiert und für ihre Zwecke missbraucht werden konnte.
4. Finden Sie in den Texten zur Religions- und Kirchenkritik bei Friedrich Nietzsche (C5) möglichst viele Belegstellen für die verschiedenen Ausführungen Kubiks.

C7 Richard Dawkins: Der Gotteswahn
1. Erörtern Sie, inwiefern Dawkins' Beschreibung des Gottesbildes des AT einerseits berechtigt, anderseits sehr einseitig ist.
2. Beurteilen Sie Dawkins »Überzeugung«, es gebe »auf der ganzen Welt keinen einzigen Atheisten, der Mekka - oder Chartres, York Minster, Notre Dame, die Tempel von Kyoto – mit dem Bulldozer platt machen würde«.
3. Erörtern Sie, auch unter Zuhilfenahme von Materialien aus den Bausteinen D (Bibel) und F (Sexualität), inwiefern es zutrifft, Christen würden ethische Weisungen direkt und ungefiltert aus der Bibel übernehmen.
4. Recherchieren und erörtern Sie, inwiefern es zutrifft, dass Jesus das Liebesgebot auf Juden beschränken wollte (z. B. Mt 5,43) und dass er noch nicht die Idee hatte, den Gott der Juden auch den »Ungläubigen« nahezubringen.

C8 Philipp Möller: »Kirchenrepublik«
1. Recherchieren Sie, inwiefern es Abgeordneten in Deutschland verboten ist, sich auf Ihren Glauben oder Ihr Gewissen zu berufen.
2. Beurteilen Sie, auch unter Zuhilfenahme von C2, inwiefern Glockengeläut ein Verstoß gegen die negative Religionsfreiheit ist.
3. Erörtern Sie, inwiefern Möller bei seiner Kritik des Religionsunterrichts den Artikel 7 des Grundgesetzes beachtet.
4. Erörtern Sie, ob Möllers polemische Beschreibung dessen, was im schulischen Religionsunterricht geschieht, auf Ihren Unterricht zutrifft.
5. Recherchieren Sie, inwiefern der jüdische Brauch der Beschneidung (»unnötige Genitalbeschneidung«) in Deutschland erlaubt ist und inwiefern er medizinisch sinnvoll ist oder nicht.

Zum Abschluss
1. Führen Sie eine Umfrage in der Stadt durch und werten Sie sie vor dem Hintergrund Ihrer erworbenen Kenntnisse aus: Sind in Deutschland Kirche und Staat getrennt? Sind Sie für oder gegen Religionsunterricht an Schulen?
2. Entwerfen Sie auf kreative Weise Zukunftsvisionen für die Kirche: Wie muss sich die Kirche wandeln, was muss sie behalten, welche Aufgaben soll sie wahrnehmen, wie soll sie sich zum säkularen Staat verhalten?

Baustein D: Die Bibel mit Vernunft lesen am Beispiel von Jesusgeschichten
Zum Eingang
1. Notieren Sie spiegelstrichartig Ihre Assoziationen und Einstellungen zum Thema »Bibel«.
2. Diskutieren Sie in Kleingruppen, inwiefern Sie in Ihrer bisherigen Schulzeit (oder ggf. in Ihrer kirchlichen Sozialisation) verschiedene Weisen der Bibelauslegung kennengelernt haben.

D1 Es steht geschrieben – Gottes Wille?
1. Schlagen Sie einige der angegebenen Bibelstellen nach und benennen Sie »zeitbedingte Weltbilder«, die darin als selbstverständlich vorausgesetzt mitgedacht werden.
2. Schlagen Sie einige der angegebenen Bibelstellen nach und konstruieren Sie andere mögliche Auslegungen der Stellen als die, die »Thomas« bei Laura Schlessinger vermutet.

D2 Rudolf Bultmann: Neues Testament und Entmythologisierung

1. Erläutern Sie ausgehend vom Text den Gegensatz zwischen mythischem und naturwissenschaftlichem Weltbild und finden Sie weitere Beispiele dafür.
2. Bultmann glaubte, dass durch die »Aufgabe der Theologie, die christliche Verkündigung zu entmythologisieren«, die versteckte Wahrheit des Mythos *nicht* vernichtet werde. Zeigen Sie dies an ausgewählten Beispielen auf.
3. Der Begriff »Mythos« wird auch auf nicht direkt religiöse Sachverhalte angewandt, z. B. der »Gründungsmythos der Bundesrepublik Deutschland«, aber auch fiktionale Erzählungen wie Harry Potter, Der Herr der Ringe, Star Wars, Die Tribute von Panem sind mythenartige Erzählungen. Erklären Sie, warum.
4. Finden Sie Beispiele für Bultmanns These, »das mythische Weltbild ist als solches gar nichts spezifisch Christliches, sondern es ist einfach das Weltbild einer vergangenen Zeit, das noch nicht durch wissenschaftliches Denken geformt ist.« Erörtern Sie die Plausibilität dieser These.

D3 Der quantitative Umfang der synoptischen Evangelien

1. Die in dem Schema dargestellten Übereinstimmungen zwischen den drei sogenannten Synoptikern legen die Vermutung nahe, dass sie literarisch voneinander abhängen. Erörtern Sie, welche Abhängigkeitsrichtung am wahrscheinlichsten ist.
2. Finden Sie (verschiedene) mögliche Erklärungen für die Beobachtung, dass es auch da Übereinstimmungen zwischen Matthäus und Lukas gibt, wo sie *nicht* mit Markus übereinstimmen.
3. Finden Sie (verschiedene) mögliche Erklärungen für die Beobachtung, dass es Texte gibt, die nur Matthäus (bzw. nur Lukas) hat.

D4 Die literarische Abhängigkeit der synoptischen Evangelien

1. Stellen Sie die im Text erklärten literarischen Abhängigkeiten in einem Schema grafisch dar.
2. Rekonstruieren Sie die Begründung für die sogenannte Markuspriorität.
3. Rekonstruieren Sie die Begründung für die Annahme der Quelle Q.
4. Recherchieren Sie, in welchem Evangelium Ihr Lieblingsbibeltext vorkommt und was vermutlich die Quelle des Evangelisten war.

D5 Lukas Bormann: Theologische Intentionen der Synoptiker

1. Schreiben Sie zu jedem der drei Synoptiker spiegelstrichartig seine Intentionen auf.
2. Weisen Sie an ausgewählten Bibeltexten nach, wie der jeweilige Evangelist seine theologischen Intentionen redaktionell in seine Quelle einbaut, z. B. Mt 6,9–18; Mt 8,14–17; Mt 12,15–21; Mt 14,22–33; Mt 16,13–20; Mt 21,1–9; Lk 4,16–30.
3. Recherchieren Sie, in welchem Evangelium Ihr Lieblingsbibeltext vorkommt, was vermutlich die Quelle des Evangelisten war und wie der Evangelist redaktionell eingegriffen hat.

D6 Udo Schnelle: Der historische Jesus und der verkündete Christus

1. Erklären Sie, was mit der Unterscheidung »historischer Jesus und verkündeter Christus« gemeint ist.
2. Schnelle vertritt die These, die »Transformation« vom historischen Jesus zum verkündeten Christus sei »sachgemäß«. Erklären Sie seine Argumente dafür und erörtern Sie die Plausibilität dieser These.

D7 Anselm Grün: Tiefenpsychologische Schriftauslegung bei Eugen Drewermann

1. Recherchieren Sie Informationen zur Deutung von Archetypen bei C. G. Jung.
2. Legen Sie ein Ihnen bekanntes Märchen nach der von Anselm Grün referierten Anleitung auf tiefenpsychologische Weise aus.
3. Wenden Sie die »zweite Grundregel«, alle äußeren Gegenstände, Personen und Umstände auf der Subjektstufe zu deuten, probeweise auf einige Bibeltexte an (z. B. Mt 14,22–33; Mk 3,1–6; Mk 4,35–41; Joh 4,1–26; Joh 9).

D8 Eugen Drewermann: Eine tiefenpsychologische Auslegung von Mk 5,35–43

1. Arbeiten Sie Stellen heraus, an denen Drewermanns Konzept der tiefenpsychologischen Auslegung deutlich wird.
2. Erörtern Sie die Plausibilität dieser Auslegung. Legen Sie den Bibeltext anders aus.

D9 Richard Gerrig: Jungs Archetypen
1. Nennen Sie weitere Archetypen, recherchieren Sie ihre Bedeutung in der Traumdeutung.
2. Erörtern Sie die Plausibilität der Vorstellung Jungs, die Archetypen seien universal, weil sie sich im »kollektiven Unbewussten« fänden.
3. Recherchieren und erörtern Sie die Funktion von Archetypen in der Psychotherapie.

D10 Archetypen in Bibeltexten
Aufgaben stehen direkt beim Material.

Zum Abschluss
1. Es gibt noch sehr viel mehr Arten der Bibelauslegung als die historisch-kritische und die tiefenpsychologische Methode. Recherchieren Sie weitere Auslegungsmethoden, referieren Sie darüber, beurteilen Sie ihre jeweilige Plausibilität.
2. Schreiben Sie ein (fiktives) Streitgespräch zwischen einem religiösen Fundamentalisten (vgl. Baustein B) und jemandem, der möglichst viele Elemente des Unterrichts zum Baustein D einbringt.

Baustein E: »Ich glaube, dass mich Gott geschaffen hat«
Zum Einstieg
1. Führen Sie eine Umfrage in Ihrem Kurs (oder Ihrer Schule, Ihrem Ort) durch: Wie verhalten sich Glaube und Naturwissenschaft zueinander?
2. Häufig wird gesagt, die Naturwissenschaften hätten den biblischen Schöpfungsglauben widerlegt. Erörtern Sie die Plausibilität dieser Vorstellung in einer Podiumsdiskussion oder einem (fiktiven) Streitgespräch.

E1 Metaphorische Rede
Aufgaben stehen direkt beim Material.

E2 Das Rosenexperiment
Aufgaben stehen direkt beim Material.

E3 Jürgen Baumert: Die verschiedenen Modi der Weltbegegnung
1. Die Einteilung der Fächer in vier Modi der Weltbegegnung ist nicht identisch mit der in der Oberstufe üblichen Einteilung der Fächer in die Aufgabenfelder A, B und C; außerdem ist Baumerts Liste der Fächer nicht identisch mit den üblichen Schulfächern.
   a) Erörtern Sie die Unterschiede der Einteilung.
   b) Erörtern Sie, zu welchem Modus der Weltbegegnung weitere (von Baumert nicht genannte) Fächer gehören würden.
2. »Die unterschiedlichen Rationalitätsformen eröffnen jeweils eigene Horizonte des Weltverstehens, die für Bildung grundlegend und nicht wechselseitig austauschbar sind.« Beurteilen Sie die Plausibilität dieser These Baumerts.

E4 Karikatur zur Schöpfung
1. Beschreiben Sie zuerst die Bildelemente der Karikatur.
2. Deuten Sie anschließend die Bildelemente und die Gesamtaussage der Karikatur.
3. Beurteilen Sie die Karikatur und nehmen Sie persönlich Stellung zu ihrer Aussage.

E5 Daniel Clement Dennett: Gott hat immer weniger zu tun
1. Konfrontieren Sie die Ausführungen Dennetts mit der These Baumerts in E3, die unterschiedlichen Rationalitätsformen seien »nicht wechselseitig austauschbar«.
2. Stellen Sie dar, wie sich Glaube und Naturwissenschaft nach Dennett zueinander verhalten.
3. Erörtern Sie die Plausibilität dieser Verhältnisbestimmung.

E6 Karl Barth: Wie Orgel und Staubsauger
1. Stellen Sie dar, wie sich Glaube und Naturwissenschaft nach Barth zueinander verhalten.
2. Erörtern Sie die Plausibilität dieser Verhältnisbestimmung.

E7 Heinz Zahrnt: Glaube und Wissen
1. Stellen Sie dar, wie sich Glaube und Naturwissenschaft nach Zahrnt zueinander verhalten.
2. Erörtern Sie die Plausibilität dieser Verhältnisbestimmung.

E8 Interview mit dem Autor von Gen 1
1. Recherchieren Sie ausgehend von dem Interview den Text des Enuma elisch und weitere Informationen zum »Babylonischen Exil«.
2. Vergleichen Sie unter selbstgewählten Vergleichshinsichten das Enuma elisch mit der Schöpfungserzählung in Gen 1.
3. Erörtern Sie die Plausibilität der Ausführungen des Autors über die Funktion des Mythos.
4. Führen Sie das Interview (im Interviewstil) fort.

E9 Christopher Zarnow: Das Subjekt reflektiert im Schöpfungsglauben sich selbst
1. Zarnow spricht von dem »Bewusstsein, dass ich gleichsam nicht mit mir selber anfange, sondern mich unter nicht selbst gesetzten Bedingungen als gegeben immer schon vorfinde.« Finden Sie dafür lebensweltliche Beispiele.
2. Erörtern Sie die Plausibilität der These Zarnows von der »Verdanktheit« des Lebens.
3. Erörtern Sie mit Bezug auf die Ausführungen Zarnows die Unterschiede der beiden Aussagen »Ich glaube, dass mich Gott geschaffen hat« und »Gott hat die Welt geschaffen«.

E10 Michael Schrom: Panentheismus statt scharfer Trennung von Gott und Welt
1. Zeichnen Sie je ein Schaubild für die theistische, die deistische und die panentheistische Gottesvorstellung, in der jeweils Gott, Welt und Mensch piktogrammartig vorkommen.
2. Erörtern Sie die Plausibilität der im Text referierten Kritik, der Pantheismus führe zu einer Vergöttlichung der Welt.
3. Erörtern Sie, inwiefern der Panentheismus das Problem der Verhältnisbestimmung von Glaube und Naturwissenschaft unterläuft und löst.

Zum Abschluss
1. Erörtern Sie rückblickend, welche Voraussetzungen an der Behauptung, die Naturwissenschaften hätten den Schöpfungsglauben »widerlegt«, zunächst einmal geklärt sein müssen, bevor man diese Vorstellung beurteilen kann.
2. Schreiben Sie ein (fiktives) Interview mit einem Experten, der möglichst viele Aspekte des Unterrichts zum Thema aufnimmt.

Baustein F: Sexualität als theologisches Thema

Zum Einstieg
1. Diskutieren Sie in Kleingruppen: Was erwarten Sie von einer Unterrichtssequenz »Sexualität als theologisches Thema«?
2. Führen Sie eine Umfrage in Ihrem Kurs (in Ihrer Schule, in Ihrem Ort) durch: Sollten Homosexuelle die gleichen Rechte haben wie Heterosexuelle?

F1 Religionen und Sexualität
1. Stellen Sie eine begründete Vermutung dazu an, zu welcher großen Weltreligion der Autor bzw. die Autorin des jeweiligen Textes gehört.
2. Recherchieren Sie weitere Standpunkte der großen Religionen zum Thema Sexualität.

F2 Warum ein ethischer Blick auf Sexualität aus heutiger evangelischer Sicht?
1. Notieren Sie Ihre ersten Gedanken dazu, wenn Sie von dem Vorhaben hören, evangelische Theologen wollten sich zum Thema Sexualität äußern.
2. Erörtern Sie die Plausibilität der Vorstellung, Sexualität sei »als Gabe Gottes [...] in seinem Schöpferhandeln verankert und für uns Menschen etwas elementar Positives.«
3. Erörtern Sie die Plausibilität des »Programms«, das in dem Text beschrieben wird.

F3 Elemente einer evangelischen Sexualethik
1. Rekonstruieren Sie die von den Autoren und Autorinnen aufgestellten Kriterien (1. Voraussetzungen, 2. Vollzug bzw. »Umsetzung«, 3. Folgen).
2. Erörtern Sie die Plausibilität jedes dieser Kriterien.

F4 Sexualität als Thema des Rechts
1. Recherchieren Sie die wichtigsten Stationen des früheren §175 von seiner Entstehung bis zu seiner vollständigen Abschaffung.
2. Erörtern Sie Vorzüge und Nachteile des Übergangs im Hinblick auf das zu schützende Rechtsgut von »Sittlichkeit« zur »sexuellen Selbstbestimmung«.
3. Rekonstruieren Sie den – nur auf den ersten Blick widersprüchlichen – Befund, dass es in den letzten Jahren gleichzeitig einerseits Liberalisierungen und andererseits Verschärfungen im Sexualstrafrecht gegeben hat.

F5 Gustav Seibt: Ist Homosexualität privat oder politisch?
1. Rekonstruieren Sie die wichtigsten im Text genannten Stationen des kulturgeschichtlichen Überblicks zum Thema »Gesellschaftliche Wahrnehmung von Homosexualität«.
2. Eine verbreitete Kritik an Homosexuellen ist, sie dürften ja gerne homosexuell sein, sollten das aber bitte in der Öffentlichkeit verheimlichen und für sich behalten. Begründen Sie aus dem Text, inwiefern Seibt diese Forderung für problematisch hält.

F6 Isolde Karle: Homosexualität und Theologie
1. Rekonstruieren Sie die drei referierten Argumente, die in der Theologie lange Zeit zu einer Abwertung von Homosexualität führten, sowie Ihre Widerlegung durch Isolde Karle.
2. Erörtern Sie die Plausibilität der Position von Isolde Karle.

F7 Ralf Meister: Wie lässt sich Homosexualität mit der Bibel vereinbaren?
1. Erläutern Sie die Bedeutung und die kritische Dimension von Luthers Begriff »sola scriptura«.
2. Erörtern Sie die Plausibilität und die Folgen des evangelischen Schriftverständnisses, wonach »das Evangelium nicht aus einer Reihe von Aussagen und Wahrheiten besteht, sondern in Christus seine Mitte hat.«
3. Erörtern Sie die Plausibilität der These von Landesbischof Meister, man müsse »mit Luther über Luther hinaus denken«, weil auch »Luther ein Kind seiner Zeit« gewesen sei, also bestimmte gängige Vorstellungen seiner Zeit einfach unhinterfragt übernommen habe.
4. »Zumindest muss sehr kritisch betrachtet werden, wie mit oder ohne historisch-kritische Exegese, mit oder ohne Berücksichtigung des kulturellen Kontextes […] mit der Schrift umgegangen wird.« Wenden Sie diese Sätze auf weitere Bibelstellen an.
5. Diskutieren und erörtern Sie, wie Sie sich als Pastorin oder Pastor verhalten würden, wenn ein gleichgeschlechtliches Paar Sie um Gottes Segen bitten würde.

F8 Isolde Karle: Mann und Frau in Gen 1–3
1. Isolde Karle kritisiert, »die Auffassung von der natürlichen Komplementarität und Gegensätzlichkeit der Geschlechter« habe sich »tief in die neuzeitliche Theologie eingeschrieben«. Ähnliches gilt für die Politik. Recherchieren Sie, wie die verschiedenen Parteien sich zu Gender-Fragen positionieren.
2. Erörtern Sie die Plausibilität der Position von Isolde Karle.
3. Erörtern Sie die Plausibilität von Isolde Karles Auslegung von Gen 1,27, insbesondere der These, dort werde ausgedrückt, »dass im Hinblick auf die Gottesebenbildlichkeit nicht zwischen männlichen und weiblichen Menschen unterschieden werden kann und darf.«
4. Erörtern Sie die Plausibilität von Isolde Karles Auslegung von Gen 2–3, insbesondere der These, dort solle »nicht die Asymmetrie oder Gegensätzlichkeit von Mann und Frau begründet werden«, sondern es sei »das Gegenteil der Fall.«

Zum Abschluss
1. Ein verbreitetes Vorurteil ist, die Kirche sei körperfeindlich. Erörtern Sie rückblickend die Plausibilität dieser These.
2. Diskutieren Sie in Kleingruppen, ob und inwiefern sich Ihre Einstellung zum Thema Sexualität und Homosexualität verändert hat.